télescope

Richard Marsden

Consultants:
Ian Maun
Iain Mitchell

ICT consultant:
Anne Looney

JOHN MURRAY

Author's acknowledgements
The authors and publishers would like to thank the following for permission to reproduce text extracts:
p.34 Le Nouvel Observateur; **pp.45, 78, 79** Office de Tourisme Blois;
p.49 Audi France/Agence Louis XIV; **p.73** Prima; **pp.81, 82** Office de Tourisme Strasbourg; **p.98** © Claire Dupré/Science et Vie Junior no.127 avril 2000;
p.124 © David Pouilloux/Science et Vie Junior no.127 avril 2000

The illustration on page 124 is reproduced courtesy of Nicolas Julo.

Picture acknowledgements
p.1 Helen Rogers/TRIP/Art Directors; **p.2** Tor Eigleland/Rex Features; **p.3** Getty Images; **p.9** *tr,tl,br* Getty Images, *bl* Art Directors/TRIP; **p.13** *tl* Getty Images, *tr* Art Directors/TRIP; **p.18** *André, Monique, Olivier, M. Vierny* Art Directors/TRIP, *rest* Getty Images; **p.23** *l* Photodisc, *r* Getty Images; **p.25** Getty Images; **p.26** *l,m* Rex Features, *r* Frank Spooner; **p.28** Andrew Maw/Rex Features; **p.29** *Monique, Olivier, André* TRIP/Art Directors, *rest* Getty Images; **p.34** Rex Features; **p.36** TRIP/Art Directors; **p.39** *t* Getty Images, *b* TRIP/Art Directors; **p.45** Gadsby/TRIP/Art Directors; **p.49** *all* Agence de Publicité Louis XIV; **p.51** *l* Tony Kyriacou/Rex Features, *r* Creation/John Townson; **p.53** Peter Rowlands/Environmental Picture Library; **p.69** *t* Lefauconnier/Jerrican, b TRIP/Art Directors; **p.71** Science Photo Library; **p.73** Getty Images; **p.75** *tl and bm* TRIP/Art Directors, *tr and tm* Rex Features, *bl and br* Jerrican; **p.78** Rex Features; **p.79** TRIP/Art Directors; **p.82** Art Directors/TRIP; **p.85** *tl* TRIP/Art Directors, *tr* Jerrican; **p.90** Rex Features; **p.91** Getty Images; **p.97** Jerrican; **p.98** Panos Pictures; **p.105** *both* Jerrican; **p.109** Rex Features; **p.115** Rex Features.

First published 2002
by John Murray (Publishers) Ltd
50 Albemarle Street
London W1S 4BD

Artwork by Art Construction, Pat Murray
Layouts by Jenny Fleet
Photo research by Helen Reilly
Typeset in 9½ on 12pt Lucida Regular by Wearset Ltd, Boldon, Tyne and Wear
Printed and bound in Great Britain by Butler & Tanner Ltd, Frome and London

A CIP catalogue record for this book is available from the British Library.

ISBN 0 7195 7829 9
Teacher's Resource Book 0 7195 7830 2
Audio on cassette 0 7195 8007 2
Audio on CD 0 7195 8008 0

Contents

Welcome to students using *Télescope 2*

Télescope 2 is the second stage of a two-part course for GCSE French. Its aim is to equip you for success in GCSE French by explaining and practising the language you need to achieve a good grade. The course as a whole aims to:

- strengthen your ability to understand and use the French language
- increase your general knowledge via the texts you read in French
- develop your awareness of French-speaking people and places.

Télescope 2 focuses very closely on the precise skills and language required for the GCSE exam papers, to make sure you achieve the best possible results.

Finding your way around the book

The book has two main sections.

In the **first section**, units 1–5 cover the five main topic areas that are dealt with at GCSE:

Unité 1 *La vie de tous les jours* (Everyday activities)
Unité 2 *La famille, les amis, les loisirs* (Personal/social life)
Unité 3 *Ma ville, ma région* (The world around us)
Unité 4 *Il faut travailler!* (The world of work)
Unité 5 *Découvertes: voyages, médias, problèmes* (The international world)

Each unit consolidates your language skills via a wide range of typical GCSE tasks. On almost every page there are practical **Tips**, providing:

- successful exam techniques
- reminders of language points that are key to obtaining high marks.

> **TIP for Exercise 1**
>
> One of the key areas to revise as you approach ...

As you will see, for example on page 1, many of the Tips refer to worksheets, which your teacher can supply to give you extra practice on particularly important points.

In the **second section**, units 6–9 provide a range of 'mock' or practice GCSE tasks in one of the four tested skills:

Unité 6 *On écoute* (listening)
Unité 7 *On lit* (reading)
Unité 8 *On parle* (speaking)
Unité 9 *On écrit* (writing)

For each listening and reading task, a total mark is indicated, followed by an indication of the mark that would represent achievement at Grade C level (Foundation tasks and Intermediate tasks) or at Grade A (Higher tasks), so you can check your progress. All the tasks in this section are closely modelled on GCSE papers.

Looking up French grammar rules and instructions

After unit 9 there is a **Section grammaire** – a grammar reference section, including a list of irregular verb forms.

At the very end of the book is a list of the French rubrics (instructions) that you are likely to come across in the examination. In *Télescope 2* there is plenty of practice to make sure you get used to French instructions, but this is a handy revision list.

unité 1
La vie de tous les jours

UNIT GOALS

Grammar focus in this unit

- numbers, dates, times
- *prendre*
- spelling/alphabet in French
- expressing likes and dislikes, preferences
- adverbs and time expressions
- reflexives
- perfect tense
- *après avoir*, *après être*

Topics covered in this unit

- home life
- school life
- eating and drinking
- healthy living, exercise
- accidents and ailments

Paul a 16 ans. Il est fana de la forme et s'intéresse au sport. Il aime aussi regarder la télé et bavarder avec ses copains. Paul essaie de manger aussi sain que possible mais il aime le fast-food!

Samedi matin

TIP for Exercise 1

One of the key areas to revise as you approach your examination is understanding numbers spoken at speed. Before you attempt this task, make sure you know your numbers thoroughly. In particular be careful not to confuse *deux* with *douze* or *quarante* with *cinquante*.

Worksheet 1 practises numbers in French.

1 🎧 Au marché

C'est samedi matin. Paul aime manger des fruits, et aujourd'hui il va au marché.

Écoutez la conversation et notez les prix des fruits.

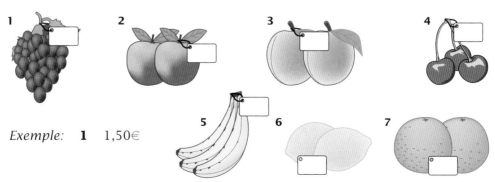

Exemple: **1**   1,50€

un **1**

2 🎧 **Vous allez au marché.**

1 • Greet the stallholder.
   • Ask for one of the following:

   • State the quantity you require: 1 kg, 500 g, 2 kg?
   • Ask the price.
2 • Ask if they have any grapes.
   • Choose one of the items offered.
   • Say how many you want.
   • Ask for one other item.

TIP for
Exercise 2

Remember to pronounce
je voudrais properly –
don't say the 's' at the
end!

Worksheet 2 practises
useful phrases for
role-plays.

3 **Patrick va au marché.**
**Patrick est un ami de Paul; il adore manger! Il
va aussi au marché pour acheter . . . quoi?**

Inventez sa liste.

• Copiez les deux titres: «Bon pour la
  santé»   «Mauvais pour la santé»
• Faites une liste sous chaque titre. Essayez de
  mentionner 10 choses **au total**.

TIPS for Exercise 3

In lists such as this, minor spelling mistakes are not
likely to lead to lost marks, although it is good to aim
to be accurate in your spelling. But:

▪ be careful not to use English spellings by mistake,
  when these are very similar to the French, and
▪ be sure to answer the question which is set: if you're
  asked for a list of fruits, for example, you will not get
  marks for drinks, vegetables or anything else that's
  not a fruit.

Samedi midi

4 Le déjeuner de Paul
Aujourd'hui Paul n'a pas beaucoup de temps! Il va à «Resto-Rapide» pour son déjeuner.

Read the information about «Resto-Rapide» and answer the questions in English.

Resto-Rapide
Ouvert 7 jours sur 7
Restaurant de la famille
Ouverture dès 8 heures, petit déjeuner
Aire de jeux
Service au volant
Centre Commercial Blois Vineuil

1 Is the restaurant open on Sundays?
2 Is it open at 7 o'clock in the morning?
3 What does it provide for children?
4 What does it provide for motorists?

5 Au restaurant «Le Moulin»
La cousine de Paul, Muriel, et son amie Sophie préfèrent prendre le déjeuner dans un petit restaurant, «Le Moulin». Qu'est-ce qu'elles mangent?

Écoutez la conversation et remplissez les blancs.
Choisissez parmi les mots dans la case ci-dessous.

1 Comme hors-d'œuvre Muriel prend
_____ .

2 Sophie n'aime pas _____ .

3 Comme plat principal, Sophie prend
_____ avec _____ .

4 Muriel prend de la purée de pommes de terre avec _____ .

5 Comme dessert, elles prennent toutes les deux _____ .

une glace	des pommes de terre	la soupe à l'oignon	une salade de tomates
des œufs mayonnaise	le poulet	un verre de vin	des petits pois	les moules
	le steak-frites	la truite	

TIP for Exercise 5
Remember that *je prends* means 'I'll have' when you are talking about food and drink:
Je prends le fromage. I'll have the cheese.

Samedi après-midi

TIP for Exercises 6 and 8

A key area which often appears in examinations is the alphabet. Make sure you revise it before you attempt this task. The following letters often cause particular difficulties because they sound different from what you might expect: A, E, G, J, K, I, R. To help you to remember them, make sure you can spell out in French the name MICK JAGGER.

6 🎧 Au club de badminton

Samedi après-midi, Paul travaille au club de badminton, à la réception. Six personnes veulent s'inscrire. Ils donnent leurs détails. D'abord, leur nom.

Écoutez les sportifs. Quel est le vrai nom?

Exemple: **1 a**

1 a Leclerc	**b** Leclers	**c** Laclarc
2 a Lemarre	**b** Lemare	**c** Lemrare
3 a Perrie	**b** Perrier	**c** Pierre
4 a Thambaut	**b** Thimbaut	**c** Thrambut
5 a Veirne	**b** Vierne	**c** Vernie
6 a Grigny	**b** Jaigny	**c** Geigny

7 🎧 Les numéros de téléphone

Les six sportifs qui s'inscrivent au club de badminton donnent leur numéro de téléphone.
Écoutez les sportifs. Quel est le vrai numéro de téléphone?

Exemple: **1 a**

1 a 03.22.02.55.45	**b** 03.22.02.55.54	**c** 03.22.12.54.45
2 a 05.65.56.66.65	**b** 05.65.56.70.75	**c** 05.65.56.70.74
3 a 01.13.14.84.24	**b** 01.30.40.84.24	**c** 01.30.40.48.42
4 a 03.23.30.44.14	**b** 03.24.33.54.40	**c** 03.23.30.14.44
5 a 02.79.90.68.62	**b** 02.97.99.76.72	**c** 02.97.99.78.72
6 a 02.48.14.40.48	**b** 02.84.40.44.84	**c** 02.48.40.14.48

TIPS for Exercise 7

This task allows you to practise hearing long numbers spoken at speed. Don't muddle up *vingt-quatre* with *quatre-vingts* or *quarante* with *cinquante*. Remember also that:

- a number starting with *soixante* can be in the 70s: *soixante-dix* (70), etc.
- a number starting with *quatre-vingt* can be in the 90s: *quatre-vingt-onze* (91), etc.

You will hear all the numbers twice, so you might find it useful to concentrate on the first three pairs of digits on the first hearing and the last two pairs on the second.

Worksheet 1 practises numbers in French.

8 🎧 Où habitent-ils?

Il y a un tournoi au club de badminton. Des joueurs viennent de plusieurs villes françaises.

Écoutez les joueurs et écrivez les villes d'origine, 1–7.

Exemple: **1** Ambert

Samedi soir

9 Au restaurant avec des amis

Paul, Sophie, Muriel, Patrick et Djamal vont au restaurant «Le Moulin»: on fête l'anniversaire de Djamal.

Lisez le texte. Qu'est-ce qu'ils choisissent?

Écrivez la bonne lettre.

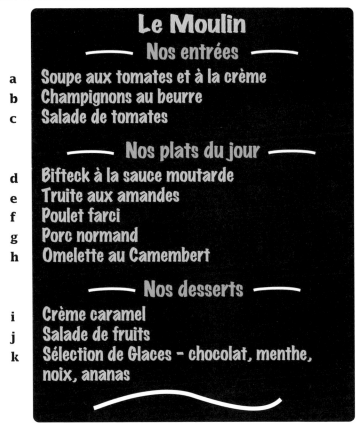

Le Moulin

— Nos entrées —

a Soupe aux tomates et à la crème
b Champignons au beurre
c Salade de tomates

— Nos plats du jour —

d Bifteck à la sauce moutarde
e Truite aux amandes
f Poulet farci
g Porc normand
h Omelette au Camembert

— Nos desserts —

i Crème caramel
j Salade de fruits
k Sélection de Glaces – chocolat, menthe, noix, ananas

À noter:
• Sophie ne mange pas de produits laitiers.
• Paul adore le potage.
• Djamal ne mange ni viande ni poisson.
• Patrick aime les volailles.
• Sophie voudrait du poisson.
• Muriel préfère les glaces aux fruits.
• Paul décide de manger sain – il ne veut pas grossir.

Les entrées
1 Que choisit Sophie?
2 Que choisit Paul?

Les plats du jour
3 Que choisit Djamal?
4 Que choisit Patrick?
5 Que choisit Sophie?

Les desserts
6 Que choisit Muriel?
7 Que choisit Paul?

TIP for Exercise 9

Worksheet 3 practises French food and drink vocabulary.

10 🎧 Quelle est la date de ton anniversaire?

Écoutez et notez les dates données par Djamal, Paul, Muriel, Sophie, Patrick, Anne-Laure et M. Leman.

Exemple: Djamal   10 mai

TIPS for Exercise 10

- Revise the months of the year before you attempt this task.
- Beware – the French is quite fast here! Use the pause button to listen to it in chunks, if you are using your own copy of the tape or CD.

Worksheet 4 practises dates and times.

11 Vous organisez une boum.

Qu'est-ce que vous achetez?
Faites une liste en français.
Essayez de mentionner **10** choses.

Exemple: chips

TIPS for Exercise 11

- Be careful not to write words in English, German, Spanish, etc. when you attempt a task such as this!
- It is also best to avoid English brand names such as 'Mars Bar', 'Snickers', etc. as these won't count!
- Remember that crisps are *chips*. (What is the word for chips?)

12 L'invité(e) idéal(e)

Vous organisez une boum. Quel personnage célèbre voudriez-vous inviter?
Donnez une description de ce personnage et dites pourquoi vous voulez l'inviter.

TIPS for Exercise 12

- **Do** use your imagination in writing your description but:
- **don't** get so carried away that you forget to complete the second part of the task which asks you **why** you want to invite that person.

Worksheet 5 practises describing people.

13 Description d'une boum

Décrivez la boum que vous avez organisée pour votre anniversaire.

La planification
Combien d'invités?
Qui?

Les préparatifs

Qu'est-ce qu'on a fait?

Les cartes   Les cadeaux

Les invités

La nourriture, les boissons

La fin de la soirée

Après la boum

Le lendemain

TIPS for Exercise 13

- Make sure you give your account in the past, as instructed.

Worksheet 6 practises the perfect tense.

- Try to vary the grammatical structures as much as you can. For example, use *après avoir* and *après être*, and link sentences together with conjunctions such as *parce que, où, qui, que, mais...*

Worksheet 7 practises using *après avoir* and *après être*.

- Be warned – it's easy to run out of time on a task like this. It's worth making sure you are aware of the total time available and dividing it into chunks, one for each main part of your story.

Dimanche matin

14 Paul veut rester en forme: il va au centre sportif.

Lisez les réponses de Paul à cinq questions.
Pour chaque réponse choisissez la bonne question.

Exemple: **1 c**

Réponses

1

Moi, je préfère les sports d'équipe comme le volleyball ou le basketball.

2

Oh, moi, je voudrais faire du delta-plane, mais pour ça il faut plein d'argent!

3

J'aime jouer en équipe parce que j'aime coopérer avec mes copains.

4

Mes sports préférés, ce sont le volleyball et le football. J'aime jouer au volley et j'aime regarder le football à la télévision.

5

Je fais régulièrement du jogging. Je fais assez souvent de la musculation.

Questions

a Que faites-vous pour rester en forme?
b Vous aimez quels sports?
c Est-ce que vous préférez les sports d'équipe ou les sports individuels?
d Pourquoi?
e Quel sport «exotique» voudriez-vous essayer?

15 Quelle est votre opinion sur le sport?

Répondez aux questions **a–e** dans l'exercice 14.

TIPS for Exercise 15

- Remember that the answer to *Est-ce que vous préférez...?* is *Je préfère....* Note where the accents appear and be careful to pronounce the words correctly.
- Try to find alternatives to the word *bon*. You can usually replace it with something more adventurous such as:
  très intéressant
  vraiment formidable
  absolument superbe
  vraiment sympa
  très agréable

Worksheet 8 practises French vocabulary for sports and other activities.

Dimanche après-midi

16   **Paul lit le journal.**
Paul lit la section sportive d'un magazine. Il y a un article sur deux sportifs extraordinaires.

Read the magazine article and answer the questions in English.

Des jumeaux sportifs

Simon Triboudet, 24 ans, fana du parachutisme, et sa sœur Mélanie trouvent important de rester en forme.

Simon Quand j'étais plus jeune le sport ne m'intéressait pas tellement. Le football, le rugby, le handball ... je les trouvais ennuyeux. Mais depuis mon adolescence je cherche toujours des sensations fortes et voilà pourquoi j'ai commencé à faire du parachutisme. J'ai commencé quand j'étais étudiant à l'Université de Nantes. J'ai essayé d'abord le saut à l'élastique, c'est à dire le bungee. J'aime aussi faire du rafting. On a fait ça l'année dernière en Amérique du Sud – c'était formidable, mais mon sport préféré, c'est le parachutisme. Avec les autres de mon équipe je voyage partout dans le monde. L'année dernière, j'ai participé à des tournées en Corée et en Australie. On me demande si c'est dangereux! Mais oui! C'est ça qui m'attire! Et pour cette raison il est très important de rester en forme.

Mélanie Je ne ressemble pas du tout à mon frère. J'aime tous les sports, surtout le patinage. Depuis l'âge de huit ans je vais régulièrement à la patinoire. À l'université je suis devenue membre d'un club de hockey sur glace. On s'entraîne trois fois par semaine. On voyage partout en France pour participer à des concours, c'est-à-dire on visite les grandes villes où il y a une patinoire. J'y participe presque tous les week-ends. On est souvent surpris de rencontrer une équipe féminine de hockey sur glace – mais pour nous c'est normal!

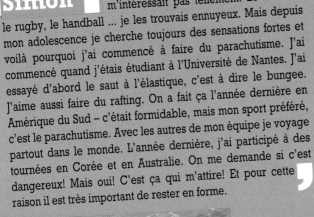

1 What did Simon think of football when he was a child?
2 What attracted him to parachute jumping?
3 What other unusual sport does he mention apart from bungee jumping?
4 Why did he go to Australia last year?

5 In what way does Melanie say she is **not** like her brother?
6 How often does she train?
7 Why, on her travels, does she only visit large towns?
8 What does she describe as 'normal' towards the end of the article?

17 🎧 **Paul regarde la télévision.**

Paul regarde son émission de télé préférée: *Science et Savoir.*
Aujourd'hui, le thème de l'émission, c'est «La nourriture et la santé».

In this passage Monsieur Jean Brodet, a food and nutrition specialist, talks about modern eating habits.
Listen to the recording and answer the questions in English.

1 At the start of the passage, what criticism does M. Brodet make of our modern diet?
2 Over what period of time has the change taken place?
3 What has taken the place of traditional foods and why?
4 Why is it essential for micronutrients to be present in our food?
5 According to M. Brodet how many calories per 100 grammes are contained in
   a vegetables
   b fruit?
6 What does he say tomatoes are particularly good for?
7 Which foods, apart from peppers and mangoes, contain substances which are good for the eyes and the heart?

TIP for Exercise 17

This passage includes some quite complicated French and will almost certainly contain words you have not heard before. This may happen in the exam but you are **not** expected to understand every word. Don't be put off when you hear, for example, *la quantité de micronutriments absorbés par le corps* or *les produits végétaux*, but, based on your knowledge that the passage is about food and health, make an informed guess about the meaning.

Dimanche soir

18   **Paul écrit un mél a son ami André qui habite à Vendôme.**

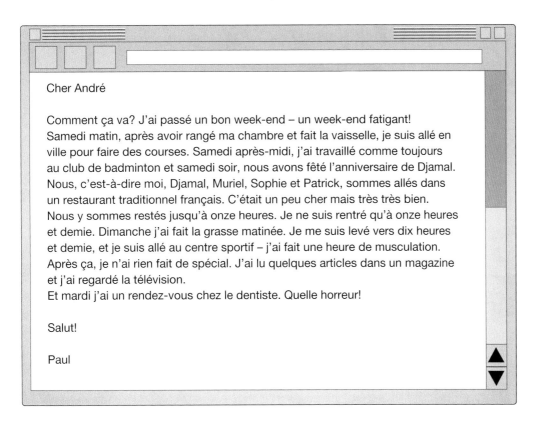

Cher André

Comment ça va? J'ai passé un bon week-end – un week-end fatigant!
Samedi matin, après avoir rangé ma chambre et fait la vaisselle, je suis allé en
ville pour faire des courses. Samedi après-midi, j'ai travaillé comme toujours
au club de badminton et samedi soir, nous avons fêté l'anniversaire de Djamal.
Nous, c'est-à-dire moi, Djamal, Muriel, Sophie et Patrick, sommes allés dans
un restaurant traditionnel français. C'était un peu cher mais très très bien.
Nous y sommes restés jusqu'à onze heures. Je ne suis rentré qu'à onze heures
et demie. Dimanche j'ai fait la grasse matinée. Je me suis levé vers dix heures
et demie, et je suis allé au centre sportif – j'ai fait une heure de musculation.
Après ça, je n'ai rien fait de spécial. J'ai lu quelques articles dans un magazine
et j'ai regardé la télévision.
Et mardi j'ai un rendez-vous chez le dentiste. Quelle horreur!

Salut!

Paul

Lisez le passage et répondez aux questions.
Choisissez pour chaque phrase le mot qui convient.

Exemple: **1** est

1 Samedi matin Paul **a/est/doit** allé en ville.
2 Il a fait **des achats/des courses à moto/de l'équitation**.
3 Samedi soir il a **arrivé/mangé/travaillé** dans un restaurant.
4 Il est arrivé à la maison avant **minuit/onze heures/dix heures et demie**.
5 **Le lendemain/Demain/Samedi**, il s'est levé tard.
6 Il n'a aucune **envie/raison/argent** d'aller chez le dentiste.

19   **Qu'est-ce que vous avez fait le week-end dernier?**
Écrivez une lettre ou un mél à un(e) ami(e) français(e).

TIPS for Exercise 19

- Make sure you start and finish your letter or your message appropriately.
- Will you need to use *tu* or *vous*?
- Include all the details you can think of.
- To vary your French, use *on* from time to time instead of *nous*. It will make your
  French sound more natural. For example: *On est allé au cinéma.* (But avoid using
  both *nous* and *on* in one sentence to describe the same group of people.)

Worksheet 10 practises phrases that you need for writing letters.
Worksheet 11 practises describing what you did at the weekend.

TIP for Exercise 18

In this passage you will
find a few words whose
meaning is easily
confused. Make sure, for
example, that you are not
caught out by: *courses –
courses à moto; rester;
travailler; argent.*

***Worksheet 9 practises
recognising 'faux amis'
(confusing words).***

20 Un dimanche horrible

Pauvre Muriel! Elle a passé une journée horrible dimanche, parce qu'elle était malade.

Regardez les images. Imaginez que vous êtes Muriel et décrivez votre journée.

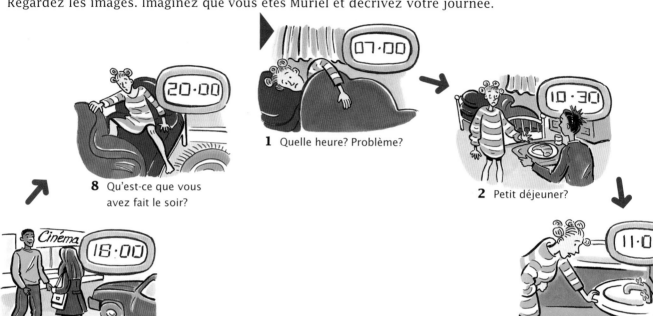

1 Quelle heure? Problème?

2 Petit déjeuner?

3 Pendant la matinée?

8 Qu'est-ce que vous avez fait le soir?

7 Qu'est-ce que Djamal a fait le soir?

6 Coup de téléphone de Djamal. Invitation pour le soir. Impossible.

5 Comment avez-vous passé l'après-midi? Émission intéressante?

4 Déjeuner – Qu'est-ce que vous avez mangé? Et bu? C'était comment?

21 Et vous?

La semaine dernière vous étiez malade et vous avez passé une journée à la maison.

Décrivez la journée.

TIPS for Exercise 21

- Look carefully at the instructions. You will see that the events you are about to describe took place 'last week'. You will be expected, therefore, to refer to past events.
- Use the words and pictures as a guide but add material of your own as well. Be imaginative – treat this as an opportunity to show off the French you know.

Worksheet 12 practises reflexive verbs such as se lever, se sentir mal, which you will need for this task.
Worksheet 13 practises the language you need to describe ailments and injuries.

TIP for Exercises 20 and 21

A useful way of saying what you **were** doing, or what **was** going on, is to use the phrase *en train de*. Use it with an infinitive, as follows:
J'étais en train de lire
I was reading
Il était en train de partir   He was leaving
NB If you meet this phrase in a reading or listening passage, remember it has nothing to do with trains!

Lundi

22  **La routine scolaire**
Patrick et Djamal
parlent avec
Paul.

Écoutez les garçons. Copiez et remplissez l'emploi du temps.

Patrick

Jour	1	2	3	4	5	6	7
		maths		*allemand*		*anglais*	

Djamal

Jour	1	2	3	4	5	6	7
	français		*physique*		*sport*		

TIP for Exercise 22

Revise the days of the week and the names of school subjects before you attempt this task.

Worksheet 4 practises the language for dates, days and times.

23 **Quelle matière préférez-vous?**
You are talking with a French person.

- Say what your favourite school subject is.
- Say why.
- Say how long you have been learning this subject.
- Say what you hope to do next year.
- Reply to the question.

TIP for Exercise 23

When a role-play task contains the instruction 'Reply to the question' it is testing your ability to understand and answer on the spot. However, you can often anticipate what the question might be, and you should take your time in making your response. You will not lose marks for asking the examiner to repeat the question.

24 🎧 Un professeur donne des détails sur une visite scolaire.

Écoutez les détails de la visite. Complétez les phrases.

Exemple: **1** 8.00

1 On se retrouve à l'école à...
2 Le car part à...
3 On arrive au zoo à...
4 Déjeuner au restaurant à...
5 Visite guidée du château à...
6 Shopping à...
7 Retour à...
8 On arrive à l'école à...

TIPS for Exercise 24

- When you have a gap-filling task you can always gain quite a lot of help from the words round about. **Before** you listen to the recording have a good look at the questions so that you know exactly which bits of information you are listening out for: in this case, times.
- When you are answering questions in French and have to give a time, you must give it in French form – you may be penalised if in the exam you write 'a.m.' or 'p.m.' as these abbreviations are not used in French.

Worksheet 4 gives practice in dates and times.

25 🎧 J'ai mal!

Lundi après-midi, Muriel se sent toujours mal et elle va voir le médecin.

Écoutez Muriel qui parle de ses problèmes.
Identifiez les quatre problèmes qu'elle mentionne.

TIP for Exercise 25

Worksheet 13 practises the language you need for talking about ailments and different parts of the body.

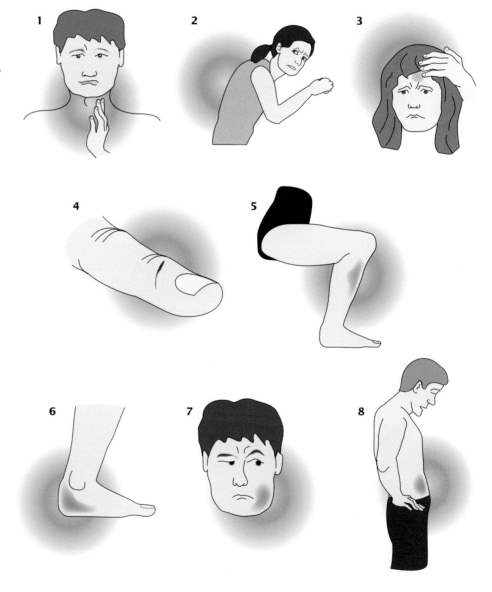

Lundi soir

26 🎧 **Au Café Bijou**

Paul parle avec ses amis. Ils se couchent à quelle heure?

Copiez et remplissez la grille.

	Nom	Se couche en semaine à ...	Se couche le week-end à ...	Se lève à ...
Exemple:	Sophie	*10.00*	*11.30*	*7.00*
	Djamal			
	Anne-Laure			
	Patrick			

27 🎧 **Un message au répondeur**
Lundi soir, Paul trouve un message au répondeur; c'est de Sophie.

Lisez les questions et répondez en français.

1 Quel est le sujet du projet de Paul?   [2]
2 Qui a des photos qui pourraient intéresser Paul?   [2]
3 Quelles photos a Sophie déjà demandées?   [2]
4 Vers la fin du passage, Sophie pose **deux** questions. Quelles sont ces
   questions?   [2]
5 Sophie, qu'est-ce qu'elle demande à Paul de faire?   [1]

TIP for Exercise 27

In a listening test, when you are asked to give answers
in French, it is your understanding of what you've
heard, and not the quality of your French, that is being
tested. You do not usually have to write in complete
sentences. Nevertheless be sure not to throw marks
away by being careless and saying something other
than what you mean by mistake. In question 2, for
instance, the correct answer is **not** MON grand-père.

28 Les tâches ménagères

Quelle est la bonne image? Choisissez **a–i**.

Exemple: **1 g**

1
Je fais régulièrement
le repassage.

2
Moi, je lave le linge.

3
Tous les jours je sors
les ordures.

4
Je fais mon lit.

5
Ce week-end je vais
promener le chien.

6
J'aime le travail
dans le jardin. J'arrose les
plantes.

7
Je garde les enfants
de ma sœur.

a

b

c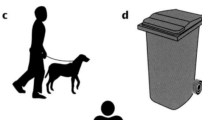

d

e

f

g

h

i

TIPS for Exercises 28 and 29

- Before you attempt these two tasks you will find it helpful to revise words and phrases connected with household tasks.
- Revise also the phrases which talk about how often you do something, such as *régulièrement*, *de temps en temps*, *tous les jours*, *tous les samedis*, etc.

Worksheet 14 practises these phrases.

29 🎧 Qui fait quoi chez Djamal?

Djamal et sa sœur, Malika, doivent aider à la maison tous les week-ends. Que font-ils?

Ces phrases sont fausses. Corrigez les erreurs – il faut remplacer le mot **en gras**.

Exemple: **1** deux
Selon Malika:

1 Elle fait la vaisselle au moins **trois** fois par jour.
2 Malika **nettoie** régulièrement sa chambre.
3 Malika fait le repassage tous les **dimanches**.
4 Djamal est **travailleur**.
5 C'est maman qui **mange** les légumes.
6 C'est **Djamal** qui fait la cuisine assez souvent.
7 Djamal fait presque **tout** pour aider à la maison.

30   **Chez une famille française**

Vous êtes chez une famille française. Vous
voulez ces choses. Que dites-vous?

Exemple: **1**

Je voudrais du savon,
s'il vous plaît.

1   **2**   **3**   **4**   **5**   **6**

31   **Le week-end chez nous**

Un(e) ami(e) français(e) va passer les vacances chez vous.
Il/elle vous demande de décrire votre week-end typique.
Remplissez les blancs.

Exemple: Le samedi *je me lève à 8h.*

Le samedi _____

Normalement,

le samedi soir, _____

Comme petit déjeuner,

je prends _____

Le dimanche, je dois _____

Le samedi matin je _____

Après cela, j'aime _____

Moi et mes amis, nous _____

Quand il fait mauvais,

je préfère _____

Le soir, j'aime _____

unité 2
La famille, les amis, les loisirs

UNIT GOALS

Grammar focus in this unit

- adjective agreement
- colours
- *aimer* + infinitive
- adverbs of frequency and quantity
- numbers, times, sizes
- expressions of opinion
- perfect tense
- future with *aller* + infinitive
- *avant de* + infinitive

Topics covered in this unit

- self, family, friends
- meeting new people, relationships
- leisure, social activities, sports, hobbies
- shopping, fashion

Les habitants de la rue Maréchal Foch, Vendôme

André, habite au numéro quinze, troisième étage

Abdul, habite au numéro dix-neuf, quatrième étage

Monique, habite au numéro onze, deuxième étage

Sylvie, habite au numéro vingt-trois, rez-de-chaussée

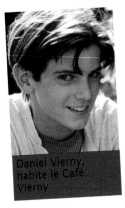

Daniel Vierny, habite le Café Vierny

Olivier, habite au numéro quinze, troisième étage

Christine, habite au numéro treize, premier étage

M. Vierny, propriétaire du café

1 **Qui habite où?**

Regardez le dessin de la rue Maréchal Foch, et lisez les adresses des huit habitants de la rue.

Pour chaque personne, identifiez son appartement ou sa maison.

Exemple: André **e**

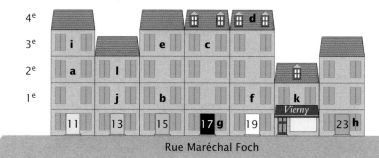

2 🎧 Ma famille

André, Abdul, Monique, Sylvie et Daniel parlent de leurs familles.

Écoutez la conversation.

1 Identifiez l'image qui représente la famille de chaque personne. Écrivez la bonne lettre.

Exemple: André **b**

2 Pour chaque personne qui parle donnez encore un détail.

Exemple: André   Son frère travaille pour la police.

TIPS for Exercise 2

- Make sure you are familiar with the words for members of the family before you start this task.
- Listen carefully to the details so that you do not choose the wrong picture.

3 🎧 Les animaux domestiques de la rue Maréchal Foch

1 Écoutez la conversation. Ils ont quel animal? Écrivez la bonne lettre (**a–i**).

Exemple: Sylvie **c**

Sylvie
André
Daniel
Monique
Olivier
Abdul
Christine

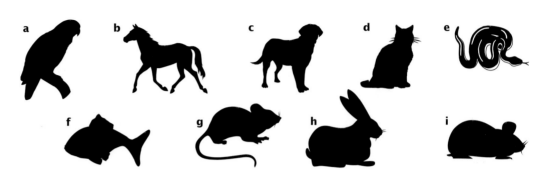

2 Écoutez encore une fois. Pour l'animal de chaque personne donnez un autre détail.

TIPS for Exercise 3

- Revise the words for pets before you do this task.
- Remember that most adjectives are placed after the noun in French – bear this in mind when listening for the details you need for question 2.

Worksheet 15 practises adjective endings and where to place adjectives.

4 Vous voulez vendre votre animal?

Écrivez une publicité pour le journal. Inventez les détails!

Exemple:

À VENDRE

Mon chien

Il s'appelle Napoléon

Il a trois ans …

5 Présentation: profil d'un membre de la famille

Préparez une description orale d'un membre de votre famille – une personne, ou un animal. Mentionnez:

- son apparence physique
- son âge
- sa personnalité
- qu'est-ce qu'il/elle aime manger? boire?
- problèmes?

Enregistrez votre présentation sur cassette.

TIP for Exercise 5

Use the word *qui* ('who') as a link between sentences to vary your French.

Worksheets 16 and 17 practise the language you need to refer to and describe family members and pets.

6 🎧 **André va faire les courses.**

Quelles sont les **quatre** choses mentionnées?

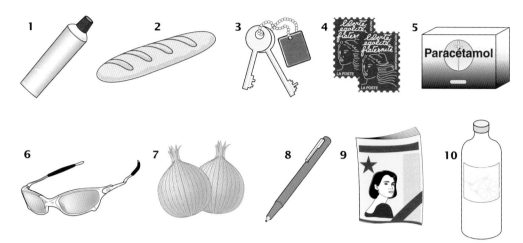

7 **À la poste**

Vous êtes à la poste en France. Posez des questions.

Exemple: **1** C'est combien, un timbre pour une lettre pour la Grande-Bretagne?

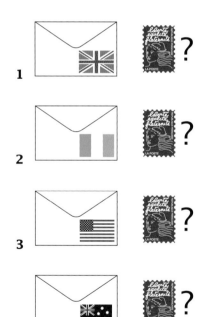

TIP for Exercise 7

When you are doing a role-play (or when you are actually in a French-speaking country) and you use the word *monsieur*, make sure you pronounce it properly – the 'n' is silent.

8 🎧 André bavarde au café avec ses amis.
On parle des autres membres de leurs familles et des problèmes.

Écoutez la conversation.

- Ils mentionnent qui?
- Ils parlent de quel problème?

Copiez et remplissez la grille en choisissant **1–7** et **a–j**.

Exemple:

Nom	Mentionne qui?	Le problème?
André	2	h
Daniel		
Monique		
Sylvie		
Abdul		
Olivier		

1 beau-père	**a** le/la traite comme un bébé
2 père	**b** n'a pas de téléphone
3 mère	**c** parle à haute voix
4 frère cadet	**d** pose trop de questions
5 frère aîné	**e** mange trop de viande
6 grand-mère	**f** raconte des histoires pénibles
7 oncle	**g** mange des vers
	h lui demande toujours de faire quelque chose
	i se plaint quand il/elle parle avec ses amis
	j est professeur d'histoire

TIPS for Exercise 8

- You will probably find it helpful to read the questions and make sure you understand them fully before you listen to the recording.
- Don't assume that because you hear a speaker say a certain word, such as *bébé*, that this automatically points you to the correct answer. A task like this requires close attention to detail.

9 Comment est ta famille?
Vous avez reçu un mél d'un(e) ami(e) français(e). Voici un extrait.

Écrivez une lettre pour répondre à ses questions. Essayez d'écrire 100–120 mots.

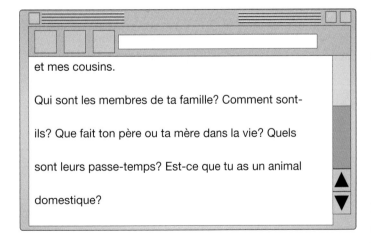

et mes cousins.

Qui sont les membres de ta famille? Comment sont-ils? Que fait ton père ou ta mère dans la vie? Quels sont leurs passe-temps? Est-ce que tu as un animal domestique?

TIPS for Exercise 9

- Make sure you answer **all** the questions. You cannot get a good 'content' mark if you leave bits out.
- Remember to make your adjectives agree, if you are talking about females or more than one person. Watch out for special rules: adjectives ending in *-f* must change to *-ve* when feminine (*sportif/sportive*); adjectives ending in *-eux* must change to *-euse* (*ennuyeux/ennuyeuse*, *paresseux/paresseuse*).

Worksheets 16 and 17 practise the language you need to refer to and describe family members and pets.
Worksheet 37 practises adjective agreement and irregular endings.

10 Les personnalités
André et Monique trouvent un article dans un magazine.

André n'aime pas les articles sur les vedettes, mais Monique les adore.

convaincre *to convince*
pas (m) *step*
souhait (m) *wish*
tenter *to try*

FICHE PORTRAIT
SCOTT WOLF

Nom: Wolf

Prénoms: Scott, Richard

Situation de famille: Scott a 5 ans quand son père, Steven, et sa mère, Susan, divorcent. Il a deux frères et une sœur.

Lieu de résidence: il habite dans une maison, près de Los Angeles, avec son frère Gary, qui est musicien.

Il aime: le base-ball, le hockey, les jeux vidéo, les sushis et la poésie.

Il déteste: la violence.

Enfance: il l'a passé à West Orange, dans l'état du New Jersey. Son souhait le plus cher, à l'époque, est de devenir golfeur professionnel!

Parcours: après le bac, Scott entre à l'université de Washington pour étudier la finance. Mais ce n'est pas sa vocation, et il se laisse convaincre par un ami de son père, un ex-acteur, qu'il aurait tout intérêt à tenter sa chance dans le théâtre. Il suit alors des cours d'art dramatique à New York, puis part s'installer à Los Angeles. Il travaille dans un fast-food japonais avant de faire ses premiers pas sur le petit écran dans des pubs, comme Frosties de Kellogg's. Il joue aussi de petits rôles dans des séries telles que *Parker Lewis ne perd jamais*, *Sauvés par le gong*, et *Petite Fleur*…

Lisez le passage sur Scott Wolf.
Ces phrases sont fausses. Corrigez les erreurs.

Exemple: **1** Scott a **deux frères et une sœur**.

1 Scott **est fils unique**.
2 Scott aime **manger la pizza**.
3 Il a voulu devenir **footballeur** professionnel.
4 Il avait l'intention d'étudier **la musique**.
5 Son père était **médecin**.
6 Il a travaillé dans un **pub** avant de devenir **chef de cuisine** professionnel.

TIP for Exercise 10

Tasks like this one can often contain hidden snares. You need to read very carefully both the text and the questions. Look out for subtle differences!

11 Mes frères et mes sœurs

Sept camarades de classe d'André parlent de leur sœur ou de leur frère.

Lisez le texte.

Thierry

Annette

Mon frère a douze ans. Il n'aime pas faire ses devoirs. Il déteste travailler à la maison. Il ne fait jamais son lit et il ne veut pas faire la vaisselle.

Ma sœur a dix-huit ans. Elle aime faire de la natation et jouer au tennis. Elle regarde beaucoup la télévision, surtout les émissions de sport.

Ma sœur parle trop! Elle m'énerve parce qu'elle n'est pas du tout mûre. Elle a quatorze ans mais tout le monde la traite comme un bébé.

Marie

Mon frère a seize ans. Il travaille beaucoup. Il aime beaucoup le collège – pas comme moi! Les profs l'aiment. «Oh, que tu es sage, Dany!» disent-ils.

Mon frère est marié et il a deux enfants. Il a vingt-huit ans. Il me fait rire tout le temps. Il raconte des blagues.

Sébastien

Fatima

Mathilde

Jean-Luc

Ma sœur a dix-huit ans. Je parle avec ma sœur quand j'ai un problème. Elle m'aide beaucoup. Elle est très patiente et toujours prête à écouter. Je l'aime beaucoup.

J'ai un frère de quinze ans et un frère de deux ans. Mon frère aîné est très poli mais il n'ose pas parler avec les gens qu'il ne connaît pas.

Copiez et remplissez la grille. Pour chaque personne:

- écrivez l'âge de son frère et de sa sœur
- choisissez **un** adjectif dans la case.

Nom	Âge	Adjectif
Thierry	*12*	*paresseux*
Annette		
Marie		
Sébastien		
Fatima		
Mathilde		
Jean-Luc		

Exemple:

TIP for Exercise 11

Make sure you follow the instructions and do exactly what you are asked to do: be careful not to put your information in the wrong column by accident.

sportif/ve
travailleur/se
bavard(e)   bête
énervant(e)
paresseux/se   egoïste
gentil(le)   timide
amusant(e)

*reprocher to criticise,
complain about*

12 L'amitié
Dans sa revue, Monique lit un article sur l'amitié.

À DIRE ET À NE PAS DIRE À UN(E) AMI(E)

POUR MONTRER QUE VOUS AVEZ DU CARACTÈRE

À DIRE. . .

1 Je t'écoute, tu as cinq minutes pour t'expliquer!

2 Si tu as quelque chose à me reprocher, dis-le en face.

3 C'est vrai, je ne suis pas d'accord avec toi, mais on ne va pas en faire toute une histoire!

4 D'accord, je ne suis pas un(e) bon(ne) élève, mais j'ai plein d'autres qualités.

5 Je n'ai peut-être pas beaucoup d'amis, mais, au moins, moi, je peux compter sur eux!

À NE PAS DIRE. . .

1 Si tu m'embêtes, je vais le dire à ma mère.

2 Puisque tu ne veux plus m'aimer, je vais en parler à mon frère.

3 Je vous assure, monsieur, ce n'est pas moi, c'est lui (elle)!

4 Tu veux bien être mon copain ou ma copine? En échange, je ferai tous tes devoirs de français.

5 J'aime bien tes vêtements. Moi, il n'y a jamais rien qui me va. . .

Quelles sont les **quatre** phrases qui donnent le sens du passage?

1 Il est nécessaire de donner des cadeaux à un(e) bon(ne) ami(e).
2 Un(e) ami(e) doit le dire en face quand il/elle veut vous reprocher.
3 Un(e) bon(ne) ami(e) n'est pas nécessairement un(e) bon(ne) élève.
4 De bon(ne)s ami(e)s font des bêtises ensemble.
5 Il est important de pouvoir compter sur ses ami(e)s.
6 Il ne faut pas dire qu'on va le discuter avec un frère si l'ami(e) ne veut pas continuer le lien.
7 On doit payer les vêtements d'un(e) bon(ne) ami(e).

13 Le frère/la sœur/l'ami(e) idéal(e)
Vous avez reçu une lettre d'un(e) ami(e) français(e). Voici un extrait de cette lettre.

Écrivez une réponse aux questions.

et j'ai une sœur et un frère, mais je m'entends pas bien avec mon frère. Il est vraiment stupide. Il m'énerve beaucoup et il n'est pas mon ami. As-tu des frères ou des sœurs? Qui serait pour toi le frère idéal ou la sœur idéale? Ou l'ami(e) idéal(e)? Donne-moi une description (âge, apparence, caractère, passe-temps préférés, etc.) . . .

TIP for Exercise 12

You are asked to list **four** sentences. Make sure you do list exactly four – no more and no less!

TIP for Exercise 13

With a task such as this, it is vital to answer all parts of the question. In the exam you might want to tick off or underline each part of the instructions as you complete it, so that you make sure you leave nothing out.

Worksheet 39 gives practice in the conditional, which you need for this exercise.

vingt-cinq **25**

14 Les personnalités
Monique adore lire les articles sur les personnalités!

bosser *to work (slang)*
censure (f) *censorship*
mensonge (m) *lying, untruthfulness*
requin (m) *shark*
retraite (f) *retirement*

FICHE PORTRAIT
AARON CARTER

Nom: Carter
Prénoms: Aaron, Charles
Né le: 7 décembre
À: Tampa, Floride, États-Unis
Situation de famille: ses parents, Jane et Robert, s'occupent d'une maison de retraite. Il a un frère, Nick, et trois sœurs, BJ, Lesley et Angel, sa jumelle.
Principales qualités: est drôle et énergique.
Principal défaut: est trop gourmand.

Il aime: le basket, le base-ball, les pizzas, le saxophone, Sylvester Stallone, et les maths!
Il déteste: les araignées, les requins et les brocolis.
Signe particulier: il collectionne les cartes Pokémon!

FICHE PORTRAIT
ALIZÉE

Nom: top secret!
Prénom: Alizée
Née le: 21 août
À: Ajaccio, en Corse
Situation de famille: elle a un petit frère, Johann, âgé de 10 ans. Son papa est informaticien, et sa maman, commerçante.
Principale qualité: est simple.
Principal défaut: est timide.
Elle aime: la plage, le shopping, les dauphins, son labrador noir, Patrick Bruel et Brad Pitt.

Elle déteste: la couleur verte, le mensonge et l'hypocrisie.
Signe particulier: elle est superstitieuse et a toujours sur elle une chaîne que sa prof de danse lui a offerte, un ticket de métro de New York et tout plein de bracelets!

FICHE PORTRAIT
PASSI

Nom: Balende
Prénom: Passi
Né le: 21 décembre
À: Brazzaville, au Congo
Situation de famille: il est l'avant-dernier d'une famille nombreuse. En effet, il a quatre frères et deux sœurs.
Principales qualités: est posé et tranquille au quotidien.
Principaux défauts: est exigeant et trop speedé quand il bosse.

Il aime: le foot, le basket, les romans de Stephen King, les jeux vidéo et les filles!
Il déteste: la censure, les compromis et les étiquettes.

Lisez le passage et écrivez le bon nom: Aaron, Alizée ou Passi?

Exemple: **1** Alizée
Qui...

1 ...est né(e) en Europe?
2 ...est membre d'une famille de sept enfants?
3 ...n'a pas beaucoup de confiance?
4 ...mange peut-être trop?
5 ...fait collection de quelque chose?
6 ...n'aime pas nécessairement le basket?
7 ...a un père qui s'occupe des ordinateurs?
8 ...est un frère jumeau?

15 Présentation: profil d'une célébrité
Préparez le profil d'une personne célèbre. Vous pouvez choisir quelqu'un que vous détestez, ou quelqu'un que vous admirez. Mentionnez:

• son apparence physique
• son âge
• sa personnalité
• ce qu'il/elle fait dans la vie
• pourquoi vous l'admirez – ou pourquoi vous le/la détestez.

Enregistrez votre présentation sur cassette.

TIPS for Exercise 14

▪ It is not possible to complete a task like this by relying on skim reading. You need to take the time to read each passage in detail in order to make sure you find exactly the information you are asked for.
▪ Think about the context, not just individual words.

TIP for Exercise 15

If you are talking about characters from television programmes, try to use French words such as *les feuilletons* or *les émissions de sport*, not just programme names in English.

16 Le shopping

André rencontre Sylvie et Monique dans l'autobus. Ils vont tous en ville pour faire du shopping.

Listen to the recording and answer the questions in English.

1 What does André really want to buy and why might he not be able to do so?
2 Why does Monique particularly want silver earrings?
3 For what occasion does Sylvie want a scarf?
4 Describe the dress she has bought.
5 On the way back, what does Monique say she has bought?
6 What has Sylvie bought, apart from clothes and shoes?
7 Describe Sylvie's socks.
8 What opinions do Monique and André express about Sylvie's socks?

TIP for Exercise 16

Worksheet 18 gives you an opportunity to revise the vocabulary for clothing and fashion before you do this task.

17 Et vous? Que voulez-vous acheter?

Au rayon des vêtements: Vous voulez quoi? En quelle couleur? Quelle taille? Choisissez un article, une couleur et une taille. Demandez le prix.

Exemple:

Je voudrais une robe en bleu, taille trente-huit, s'il vous plaît. C'est combien?

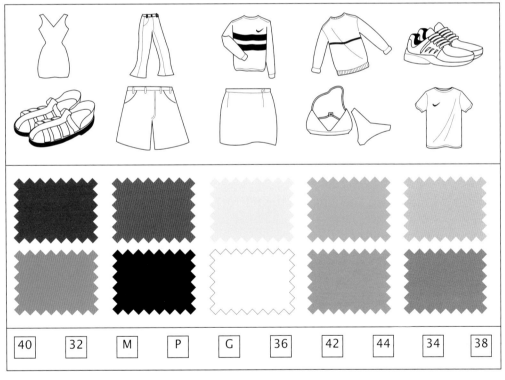

TIPS for Exercise 17

- As with all role-play tasks, keep your language as simple as possible and stick to things you know you can say well. Good pronunciation will secure extra marks. For example, remember not to pronounce the 's' at the end of *voudrais*.
- Remember that to ask a price, you say *Combien?*, **not** *Combien de?*

angoissé *worried*
paupière (f) *eyelid*
vieillir *to get old*

18 🎧 **Interview avec Mlle Bronquard**
On écoute une interview à la radio.
Monique Bronquard, ancien mannequin,
parle de sa vie.

Listen to the interview and answer the questions in English.

1 What two problems is Monique aware of when she looks in the mirror?   [2]
2 What does she think of her face nowadays?   [1]
3 What problem did she have at the age of twenty?   [2]
4 What does she do each morning before applying her cream?   [1]
5 How long does it take her to apply her make-up?   [1]
6 What reason does she give for not wearing much make-up?   [2]

TIPS for Exercise 18

- This passage is quite demanding, so have a good
  look at the questions first. The fact that they are in
  English means you can gain a fair idea of what the
  passage will be about before you even start to listen
  to it. Try to predict what the answers to the questions
  might be, and listen for specific information to
  confirm whether your predictions are correct.
- Look at the number of marks available for each
  question. If a question carries two marks, you will
  need to give two pieces of information to secure both
  marks.

19 Les passe-temps

Lisez les phrases. Pour chaque phrase
1–7 écrivez la phrase **a–h** qui correspond.

Exemple: **1 d**

J'aime
regarder les
films, surtout
les vieux films
français.

Abdul 1

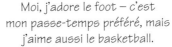

Moi, j'adore le foot – c'est
mon passe-temps préféré, mais
j'aime aussi le basketball.

Sylvie 2

Le week-end, j'aime
me promener à la campagne
avec mon mari.

Christine 3

J'adore lire,
surtout les romans
historiques.

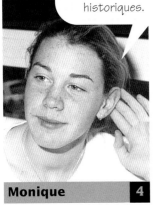

Monique 4

Nager – j'adore ça.

Olivier 5

J'aime faire du
vélo. J'ai acheté un
nouveau VTT.

Daniel 6

Ma passion,
c'est la musique.

André 7

a Moi, j'aime la lecture.
b J'aime les sports nautiques.
c Mon passe-temps préféré, c'est la natation.
d Je suis fana du cinéma.
e Je joue d'un instrument, je fais partie d'un
groupe rock.
f Moi, j'aime beaucoup le cyclisme.
g J'aime faire les randonnées à pied.
h Moi, j'adore les sports d'équipe.

20 Et vous?

Qu'est-ce que vous avez fait le week-end dernier?

Écrivez un reportage. Essayez d'écrire 100–120
mots, et répondez aux questions.

• Quelles activités avez-vous faites? Avec qui?
• Où êtes-vous allé(e)(s)? Transport?
• Qu'est-ce que vous avez acheté/mangé/bu?

TIPS for Exercise 20

- The question is in the past tense so your answer
must describe events in the past too.
- Before you start you might find it helpful to make a
note of the common verbs that you will need, for
example:
*je suis allé(e), nous avons fait, je suis arrivé(e), nous
sommes allé(e)s, je suis resté(e), on a vu, nous avons
mangé, j'ai acheté*, etc.
- Remember to use *être* instead of *avoir* when
necessary!

**Worksheets 6 and 19 give you plenty of practice
in using the perfect tense.**

21   **On lit le journal *Vendôme-Soir*.**

On which page would the following people find what they are looking for in the local paper, *Vendôme-Soir*?

1 Sylvie loves word games.
2 Daniel's father wants to check current rates of rooms to rent.
3 Christine is looking for a new job.
4 Abdul wants to check what films are on at the weekend.
5 Monique is interested in meeting new people.
6 Daniel wants to take guitar lessons.

22 🎧 On parle de quels instruments?

André adore la musique, surtout la musique rock. Il parle avec des amis des instruments qu'ils aiment et qu'ils n'aiment pas.

Qu'est-ce qu'ils mentionnent? Copiez et remplissez la grille. Pour chaque personne, identifiez:

- l'instrument (**1–7**) et
- un autre détail (**a–h**).

Personne	Instrument	Détail
Exemple: Daniel	*6*	*c*
Abdul		
Sylvie		
André		
Christine		

TIP for Exercise 22

You might find it easiest to attempt this task in two parts. First of all listen only for the **instruments** which are mentioned, then listen again to add the other details.

23 Vous aimez la musique?

Répondez oralement aux questions suivantes.

- Vous préférez quelle sorte de musique?
- Vous jouez d'un instrument?
- Et les autres membres de votre famille – que pensent-ils de la musique?
- Combien de CDs avez-vous?
- Quand est-ce que vous écoutez de la musique?

24 Le temps libre

Vous écrivez un mél pour votre ami(e) français(e). Inventez des phrases pour remplir les blancs (**1–10**).

Salut!

Je suis **1**_____ parce que c'est le week-end. Ce matin je vais **2**_____ ville. Je veux acheter **3**_____ livres et **4**_____ cadeau pour **5**_____ frère. (Il va avoir dix-huit ans le neuf mai.) Ce soir, je **6**_____ surfer sur Internet parce que je **7**_____ acheter des billets pour un concert de rock. Demain on va **8**_____ plage pour faire **9**_____ ski nautique. Le soir nous **10**_____ manger au restaurant.

TIP for Exercise 24

Revise the verb *aller*, which you will need to talk about things you are 'going to do' in the future.

Worksheet 20 practises using aller *to refer to the future.*

25 🎧 Les amis sportifs: que font-ils comme sport?

Listen to the recording. Copy the grid and fill in the details **in English**.

Name	What sport they do	Any other details
Example: Abdul	*jogging*	*27 km per week*
Christine		
Daniel		
André		
Sylvie		
M. Vierny		

TIP for Exercise 25

As with Exercise 22, you might find it helpful to divide this task into two. First note down the type of exercise the person does, then listen separately for the other details.

26   **Le foot et les filles**

dédaigner *to scorn, look down on*
étape (f) *stage, step*
fierté (f) *pride*
gamme (f) *range*
hisser *to raise*
lien (m) *link*
recette (f) *recipe*

Ne dédaignez pas le foot!

Avant tout, ne pas s'énerver. De toute façon, ce sera fini dans deux semaines! À l'intention des femmes allergiques qui commencent déjà à se sentir mal, une recette: prendre un homme aimable et le prier de suivre le déroulement d'un match avec vous en vous l'expliquant étape par étape.

Procéder avec un magnétoscope pour pouvoir s'arrêter sur chaque action du jeu. Ainsi comprend-on

qu'il ne s'agit pas d'un pur exercice physique, que le foot requiert une intelligence tactique; l'intelligence ne consiste pas à avoir lu les philosophes grecs! Regardez bien: tous les grands joueurs ont des mains aux pieds et des yeux dans le dos.

C'est ça qui les hisse au-dessus des autres et en fait des idoles. Ils peuvent être noirs, blancs, de toute la gamme des beiges...

Ne dédaignez pas le foot parce que ce n'est pas un sport «chic» comme, par example, le golf. Il nous apporte un lien social, des moments de communion intense, de la fierté nationale.

Read the passage and answer the questions in English.

1 How do some women react to the thought of two weeks of football on television?
2 Why should they use a video?
3 What is involved apart from pure physical exercise?
4 How are great players described?
5 Why is the game of golf mentioned?
6 At the end of the passage what three things is football said to provide?

TIPS for Exercise 26

- This is a difficult passage and you are not expected to understand every single word. Read the questions **before** you look at the passage, so you have an idea what it will be about and what kind of information you are looking for.
- If you find a question difficult, don't give up! Move on to the next one and come back to the difficult one later. It doesn't matter in which order you answer them (sometimes later questions are easier).

27   **Présentation: un sport**

Choisissez un sport qui vous intéresse. Préparez une présentation orale sur ce sport. Répondez aux questions suivantes.

- Vous pratiquez ce sport? Où? Avec qui?
- Vous regardez ce sport? Où? Avec qui?
- C'est un sport pour les hommes/les femmes/les hommes et les femmes? Pourquoi?
- Décrivez votre joueur préféré/votre équipe préférée.

TIPS for Exercise 27

- If you need to pause during a conversation or role-play test try not to say 'Erm' or 'Um', as this sounds very English. Instead push your lips out and say *Euh*. This will make you sound much more French.
- Here is a reminder of some 'opinion' phrases to use:
  C'est ennuyeux.
  C'est passionnant.
  J'adore...
  Je déteste...
  Je le/la/les trouve... (about people)
  Je trouve ça... (about things)
  Je suis fana de...

28 🎧 Un appel téléphonique pour Monique

Écoutez la conversation.

Mettez les images dans le bon ordre selon le passage.

| 1 | 2 | 3 | 4 | 5 | 6 |

29 On sort ensemble.

You are arranging to meet a French person.

- Say you want to do one of the following activities:

- Suggest where to meet.

- Suggest a time.

TIPS for Exercise 29

When you give the time, remember that:

- the 's' in *heures* is silent.
- to say 'ten **to** X', you say *X **moins** dix*.
- to say 'quarter **to** Y' you say *Y **moins** le quart*.

Worksheet 4 practises times.

30 Les vacances de Noël

Paul, Muriel, Mme Vierny, Djamal et Mme Berçu parlent de Noël.

Qui exprime les opinions suivantes?

1	2	3	4	5
J'aime fêter Noël en famille.	*Moi, j'aime beaucoup manger.*	*Pour moi, Noël est une fête religieuse.*	*Pour moi, Noël est un temps triste.*	*J'adore aller à des boums.*

31 La Fête de Saint-Sylvestre

La Fête de Saint-Sylvestre en France, c'est le 31 décembre – on prend un repas spécial avec des amis à la maison ou au restaurant. À minuit, on boit du champagne et on fait ses vœux pour la nouvelle année.

Lisez l'article sur la Fête de Saint-Sylvestre en France.

Quelles sont les **cinq** phrases vraies selon le passage?

1 Beaucoup de familles mangent au restaurant la veille de Noël.
2 Tous les chefs de cuisine prennent une semaine de congé après Noël.
3 Plusieurs restaurants sont fermés le soir de la Saint-Sylvestre.
4 On est souvent avec ses amis le 31 décembre.
5 Il n'est pas permis de réserver une table dans les restaurants les plus chers.
6 On passe le soir du 24 décembre en famille.
7 On ne mange rien de spécial le 31 décembre.
8 Il est recommandé de réserver une table à l'avance.
9 On mange par exemple du foie gras ou du homard le 31 décembre.
10 Beaucoup de familles partent en vacances après Noël.

Réveillons en France

La soirée de Noël est traditionnellement consacrée à la veillée familiale, jusqu'à la messe de minuit éventuelle, mais la Saint-Sylvestre est au contraire consacrée à la fête entre amis, résolument joyeuse et presque toujours gourmande.

À Paris comme en province, cuisiniers et marmitons mettent les petits plats dans les grands et proposent les produits les plus nobles sans trop s'éloigner des traditions de saison: foie gras, truffe, homard, bar de ligne, chapon ou gibier nourrissent le plus souvent l'inspiration du chef.

Une précaution à prendre cependant: réserver à l'avance. D'abord parce que les restaurants les plus agréables sont très logiquement ceux qui connaissent le plus de succès, et deuxièmement parce que le nombre de couverts n'est jamais extensible à l'infini. Ensuite parce que nombre de «petites» maisons délicieuses où on peut avoir ses habitudes le reste de l'année choisissent «d'offrir» à leur personnel la liberté de Noël et de la Saint-Sylvestre; cela entraîne le risque que vous trouvez la porte close.

TIP for Exercise 31

When you have to read a passage like this and answer questions, remember you don't have to understand every single word – only enough to answer the questions. So don't panic if there's a word you don't know – keep reading. You may not need to understand that word.

32 **Quelle est votre fête préférée?**

Écrivez une réponse à ce message. Répondez à **toutes** les questions.

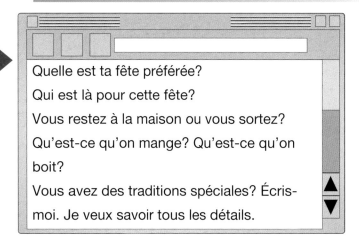

Quelle est ta fête préférée?

Qui est là pour cette fête?

Vous restez à la maison ou vous sortez?

Qu'est-ce qu'on mange? Qu'est-ce qu'on boit?

Vous avez des traditions spéciales? Écris-moi. Je veux savoir tous les détails.

33 **Qu'est-qu'on va faire?**

Un(e) ami(e) va passer six jours chez vous. Vous proposez quelles activités? Copiez et remplissez la grille.

Jour	Activité
Exemple: *lundi*	*tennis*

TIP for Exercise 33

Under pressure in the examination it can be easy to make a careless mistake such as copying the words which are already given as an example. Don't fall into this trap!

34 **Vous avez passé quelques jours chez une famille française.**

Écrivez un reportage en français. Décrivez la maison et les membres de la famille – donnez vos impressions positives ou négatives. Décrivez une activité que vous avez faite ensemble pendant votre séjour. Essayez d'écrire 100–120 mots.

TIPS for Exercise 34

- Note that this task requires you to describe what happened (for which you will need to use the perfect tense) and what things were like (for which you need the imperfect tense, e.g. *c'était joli, il était gentil*).
- Try to use the structure *avant de* + infinitive in this task. For example:
  avant de partir   before setting off
  avant de manger le déjeuner   before eating lunch

Worksheet 21 practises using avant de.

35   Une journée en France

Tell the story depicted by the pictures and words below. Use the past tense.

Le matin
Qu'avez-vous fait?
Avec qui?
Pourquoi?

L'après-midi
Où avez-vous joué?
Le résultat?

Le soir
Qu'avez-vous fait?
Qu'avez-vous mangé?
Qu'avez-vous bu?
Musique?

La nuit
Votre rêve?

unité 3
Ma ville, ma région

UNIT GOALS

Grammar focus in this unit

- nationalities, country names
- prepositions
- *faire* in weather expressions
- times
- perfect tense
- imperfect tense
- question forms
- possessive adjectives
- *en* + present participle

Topics covered in this unit

- local area: town, countryside, seaside
- public services
- the environment
- the weather
- directions, finding the way
- transport

TIP for Exercise 1

Revise the words for countries and nationalities before you attempt this task.

Worksheets 22 and 23 practise countries and nationalities.

1 🎧 À l'aéroport André Joubert et sa famille sont à l'aéroport Charles-de-Gaulle, Paris, pour rencontrer Lee. À l'aéroport ils entendent plusieurs conversations.

Lee est Québécois. Il vient de Montréal. Il passe trois semaines chez André à Vendôme.

Pour chaque personne qui parle, choisissez une lettre dans chaque colonne de la grille: une nationalité (**A–G**), une destination (**1–7**), et une raison pour le voyage (**a–g**).

Exemple: **1   B, 3, c**

Nationalité	Destination	Raison pour le voyage
A danois	**1** Grèce	**a** Pour faire du ski
B burundais	**2** Espagne	**b** Visite chez une tante
C autrichien	**3** Amérique	**c** Voyage d'affaires
D belge	**4** Belgique	**d** Visite chez son enfant
E suédois	**5** Angleterre	**e** Pour rentrer à la maison
F espagnol	**6** Irlande	**f** Match de football
G suisse	**7** Écosse	**g** Vacances au soleil

embouteillage (m)
traffic jam
piste (f) *runway*

2 🎧   **Vous aimez les voyages en avion?**
À l'aéroport, un employé d'Air France fait un sondage. Plusieurs personnes donnent leur opinion sur les voyages en avion.

Écoutez les conversations.

1 Est-ce qu'ils aiment voyager en avion ou pas? Dessinez le symbole approprié:

☺   ☹

Exemple: **a** ☺

> **a** M. Lautrec
> **b** Mlle Gilles
> **c** Mme Joubert
> **d** André
> **e** M. Grincent
> **f** Mme Grignot

2 Qui...
> **a** ...n'habite pas loin d'un aéroport?
> **b** ...ne voyage jamais par avion?
> **c** ...aime voyager à haute vitesse?
> **d** ...rêve de voyager comme une star?
> **e** ...fait beaucoup de voyages à cause de son travail?
> **f** ...n'aime pas du tout la nourriture qu'on lui sert pendant les voyages en avion?

TIPS for Exercise 2

- The ability to recognise feelings and emotions is needed for the higher grades at GCSE and this task allows you to practise this important area.
- You will not hear the speakers say directly *J'aime...* or *Je n'aime pas...* but you will have to draw conclusions on the basis of what they **do** say.

3   Qu'est-ce qu'il y a à Vendôme?
Lee est arrivé chez les Joubert. André et Lee font le tour de Vendôme.

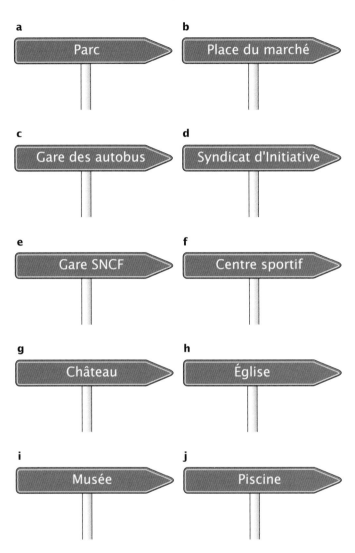

a Parc

b Place du marché

c Gare des autobus

d Syndicat d'Initiative

e Gare SNCF

f Centre sportif

g Château

h Église

i Musée

j Piscine

Identifiez les endroits: écrivez la bonne lettre.

Exemple: **1 b**

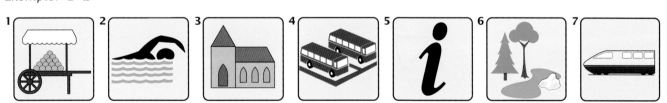

4 Où allez-vous en ville?

Travaillez avec un(e) partenaire.

Exemple: **1**   Je vais à la banque. Je
vais en voiture.

TIP for Exercise 4

Pay attention to the **grammar** here, as well as the vocabulary, to be sure of maximum marks. For example, do you need *au*, *à la*, or *à l'* before the words for the places? What preposition comes before the 'transport'?

1
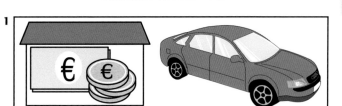

2
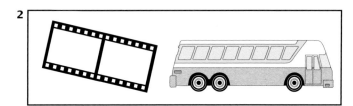

3

4
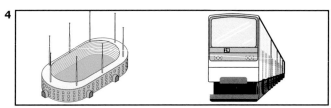

5

6
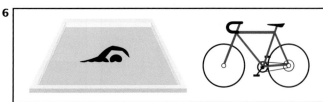

7

5 Les panneaux en ville

Which is the correct sign in each case?

Example: **1 a**

1 non-smoking compartment
2 no way out
3 pedestrians
4 cycle track
5 no parking in front of the gate
6 one-way street
7 motorway
8 road map

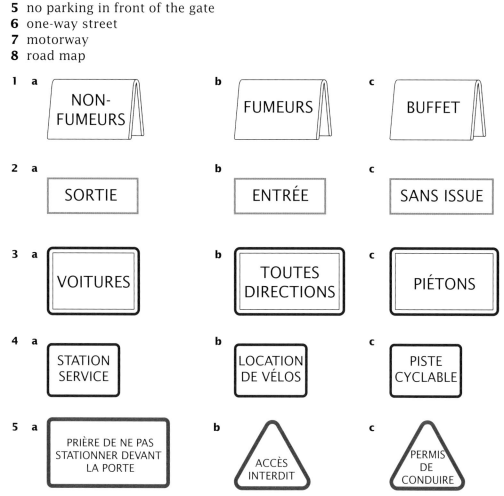

1 a NON-FUMEURS **b** FUMEURS **c** BUFFET

2 a SORTIE **b** ENTRÉE **c** SANS ISSUE

3 a VOITURES **b** TOUTES DIRECTIONS **c** PIÉTONS

4 a STATION SERVICE **b** LOCATION DE VÉLOS **c** PISTE CYCLABLE

5 a PRIÈRE DE NE PAS STATIONNER DEVANT LA PORTE **b** ACCÈS INTERDIT **c** PERMIS DE CONDUIRE

6 a PLAQUE D'IMMATRICULATION **b** SENS UNIQUE **c** PRIORITÉ À DROITE

7 a DÉPARTS **b** AUTOROUTE **c** MOTOS

8 a CARTE ROUTIÈRE **b** CHEMIN DE FER **c** ROUE DE SECOURS

TIP for Exercise 5

Don't muddle up *roue*, *rue* and *route*.

6 🎧   Mon village, ma ville

Lee parle avec Micheline, une amie d'André qui habite dans un village près de Vendôme. Elle parle de son village. Lee parle de sa ville, Montréal.

Écoutez la conversation et regardez les images. Lesquelles sont mentionnées? Faites deux listes.

Mentionnées par Micheline...	Mentionnées par Lee...
Exemple: 1, ...	

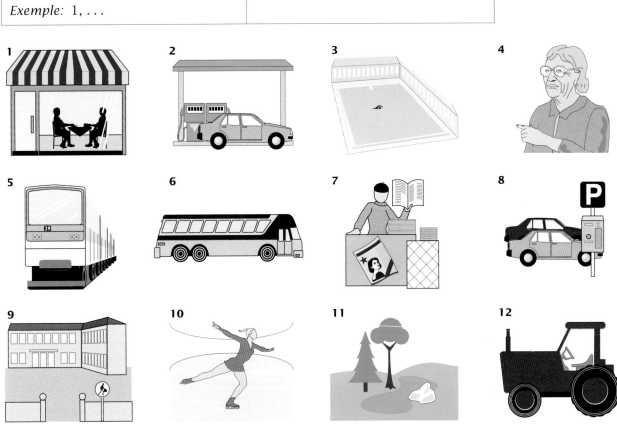

7   Qu'est-ce qu'il y a dans votre ville?

Faites une liste (10 mots).

Exemple: banque, ...

TIP for Exercise 7

- Examiners are very tolerant when they mark tasks such as this, but to be on the safe side avoid names such as 'McDonald's' or 'The Dog and Duck'. Stick to more general terms so that you can use French words for buildings, such as *bar*, *café*, etc.

8 Des renseignements sur Blois

André et Lee décident de visiter Blois. Ils ont reçu des renseignements.

Lisez la lettre et choisissez des mots dans la case pour remplir les blancs.

OFFICE DE TOURISME BLOIS

Blois, le 13 septembre

Madame, Mademoiselle, Monsieur,

Suite à votre demande, vous trouverez sous ce pli la documentation qui, nous le souhaitons, répondra à votre attente.

L'Office de Tourisme sera très heureux de vous accueillir lors de votre séjour à Blois. Il est ouvert presque tous les jours:

du 2 janvier au 14 avril et du 15 octobre au 31 décembre
- le lundi de 10 h à 12 h 30 et de 14 h à 18 h
- du mardi au samedi de 9 h à 12 h 30 et de 14 h à 18 h
- dimanches et jours fériés de 9 h 30 à 12 h 30
- fermé les 25/12 et 1er/01

du 15 avril au 14 octobre
- le lundi de 10 h à 19 h
- du mardi au samedi de 9 h à 19 h
- dimanches et jours fériés de 10 h à 19 h

Dans l'attente de vous recevoir, nous vous prions d'agréer, Madame, Mademoiselle, Monsieur, l'expression de nos sincères salutations.

Service Accueil

accueillir *to welcome*
suite à *following, after*

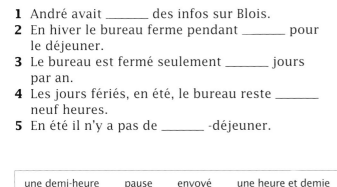

1 André avait _____ des infos sur Blois.
2 En hiver le bureau ferme pendant _____ pour le déjeuner.
3 Le bureau est fermé seulement _____ jours par an.
4 Les jours fériés, en été, le bureau reste _____ neuf heures.
5 En été il n'y a pas de _____ -déjeuner.

une demi-heure	pause	envoyé	une heure et demie
travail	mardi	ouvert	demandé	deux

TIP for Exercise 8

With gap-filling tasks you need to pay attention to the grammar as well as the vocabulary. You usually find that only a couple of words will fit **grammatically** into any given gap. Once you have narrowed the selection down in this way it is quite easy to choose the one which makes the most sense. In question 1, for example, the grammar suggests that the word you need will be a past participle. There are only two or three to choose from: *envoyé*, *demandé*, and *ouvert* (which could be a past participle or an adjective).

9 🎧 Le bulletin météo

Demain André et Lee partent pour Blois. On écoute le bulletin météo à la radio.

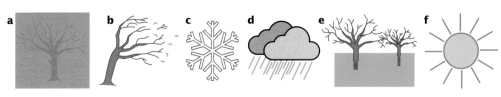

1 Écoutez le bulletin, et écrivez la lettre qui correspond à chaque prévision (**1–5**).

Exemple **1 f**

2 Vendôme et Blois sont en Loir-et-Cher, au centre de la France. Écoutez encore une fois pour identifier le temps qu'il fera demain à Blois.

10 🎧 Le temps

Christine, Lee, Monique, Abdul, André et Mme Vierny parlent du temps et des vacances.

Écoutez la conversation. Où sont-ils allés, et quel temps faisait-il pendant leurs vacances? Pour chaque personne, notez le pays (**a–g**) et le temps (**1–8**).

Exemple: Christine **f, 4, 6**

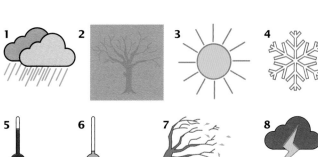

TIP for Exercise 9

Before you attempt the next two exercises, revise the weather vocabulary from your GCSE vocabulary list.

TIP for Exercise 10

People talk about the weather using the past tense here. Make sure you are familiar with weather expressions in the past as well as the present – very useful for talking about days out and holidays!

Worksheet 24 practises the language for describing weather in the present and the past.

11 🎧 À la gare SNCF

André et Lee ont décidé de prendre le train pour aller à Blois. Ils vont à la gare SNCF Vendôme-Villiers. Il y a une grande ligne de clients!

Écoutez les conversations à la gare.
Les trains (numéros **1–6**) partent à quelle heure?

Exemple: **1** 15.25

TIP for Exercise 11

You might find it useful to revise telling the time, particularly using the 24-hour clock, before you attempt this task. Don't, for example, fall into the trap of thinking that *seize heures* is 6 o'clock!

Worksheet 4 practises telling the time in French.

12 **Au guichet**

You are at a French station, and need to buy some train tickets.

- Ask for the tickets shown below.
- Ask what time the next train leaves.
- Ask which platform it leaves from.
- Ask what time it arrives at its destination.

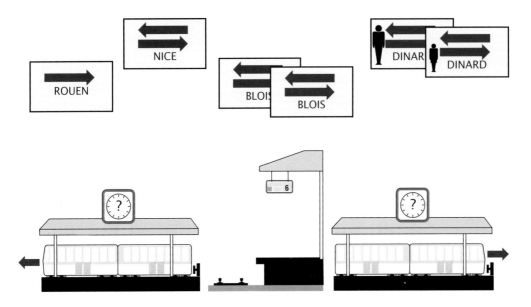

TIP for Exercise 12

Pay particular attention to the **verbs** in this task. (For example, in the second question you need *part* not *est parti* and for the fourth question you need *arrive*, not *est arrivé*.

Worksheet 25 gives you extra practice with tricky verbs.

13   Lee est fana d'autos

Lee s'intéresse beaucoup aux voitures. À la gare il a acheté son magazine préféré – *Auto-Moto*. Dans le train, il lit la pub sur la nouvelle Audi.

Nouvelle Audi A2
Moins de matière, plus d'idées.

La voiture de demain est déjà sur la route, c'est l'Audi A2.

Le coffre de l'Audi A2 offre une grande capacité.

En jouant des courbes et des angles, les designers ont créé un intérieur spacieux.

L'Audi A2: innovante en matière de style et d'architecture.

Caractéristiques techniques

◆ Moteur essence 1,4 l
◆ Puissance maxi: 75 ch
◆ Couple maxi: 126 Nm à 3 800 tr/mn
◆ Vitesse: 173 km/h sur circuit
◆ Accélération: 0 à 100 km/h en 12 s
◆ Consommations en l/100 km (ville/route/mixte): 8,2; 4,7; 6,0
◆ Émission CO_2: 144 g/100 km
◆ Transmission aux roues avant
◆ Boîte mécanique à cinq rapports Différentiel électronique EDS
◆ Direction assistée électro-hydraulique
◆ Freinage ABS avec répartiteur électronique EBV
◆ Pneus 175/60 R15
◆ Dimensions (en mm): longueur, 3 826; largeur, 1 673 (hors rétroviseurs); hauteur, 1 553
◆ Poids (kg): 895
◆ Volume du coffre (en l): 390/1 085

Read the advertisement and answer the questions in English.

1 Does the car have a petrol or a diesel engine?
2 What is the car's length?
3 How wide is it?
4 Does it have power steering?
5 What is its maximum speed?
6 What does the advertisement say about the car's rate of carbon dioxide emissions?

TIP for Exercise 13

Many French words look similar to English ones and it is easy to guess their meaning. Others, however, look similar to an English word but have a different meaning – these are known as 'false friends' (*faux amis*). It's worth making your own list of these and including them in your revision. Here are some examples:

gentil   kind (not 'gentle')
travailleur   worker, or hard-working (not 'traveller')
magasin   shop (not 'magazine')
car   coach (not 'car')

Worksheet 26 practises the language you need for talking about cars.

14   **Les petites annonces d'*Auto-Moto***
Après avoir lu la pub, Lee regarde les petites annonces dans *Auto-Moto*.

a

Mobylette Fox Peugeot (modèle utilisé par la police française) en très bon état (revisée) avec 2 sacoches
599€
Appeler le soir au 01 53 56 25 34

b

Vends Scooter Piaggio Skipper 80, année 97, 6 000 kms, revisé, pneus neufs, très bon état. Prix 450€. À vendre cause inutilisation.
Tél: 01 53 56 76 84

Volkswagen Passat break, 2 litres GL, 65 000 kms, très bon état, rouge, autoradio, conduite assistée, climatisation.
Appeler Grondin (après 18h) au 01 53 72 85 47

c

Vends Golf 2GL (bleue) **modèle 96**, gros pare-chocs, 150 000 kms, bon état intérieur/extérieur, immobiliseur, amortisseurs avant et pot d'échappement neufs. Toit ouvrant.
1700€.

d

Read the small ads and answer the questions.

Example: **1 a**
Which vehicle…

sacoche (f) *saddle-bag*

1 …is used by the French police?
2 …has new tyres?
3 …has air conditioning?
4 …is no longer being used?
5 …is in good condition inside and out?
6 …is a convertible?

15 La conduite

André lit un article sur les couleurs des voitures et la personnalité du conducteur.

Vous avez une voiture rouge? Vous êtes agressif!
Des psychologues américains ont fait des recherches sur la couleur d'une voiture et la personnalité du conducteur. Voici ce qu'ils ont trouvé.

Rouge

Vous êtes fier, même un peu egoïste, de temps en temps agressif. Vous vous mettez rapidement en colère.

Noire

Vous êtes têtu et obstiné, mais probablement un peu intellectuel.

Bleu/Vert

On peut compter sur vous. Vous êtes tout à fait fidèle à vos amis.

Argent

Vous adorez le succès, mais vous devenez très vite jaloux.

Jaune

Vous avez une personnalité pleine de joie de vivre. Vous aimez vous amuser, vous avez plein de copains, vous aimez rire.

Blanc

Vous êtes souvent inquiet, même un peu nerveux. Vous êtes timide. Vous n'aimez pas dépenser votre argent.

Orange

Vous êtes aimable et chaleureux. Vous aimez les boums. On dit que vous êtes charmant!

Read the article and answer the questions in English.
According to the article, which colour of car denotes a driver who...

1 ...is stubborn?
2 ...is full of the joys of life?
3 ...doesn't like to part with money?
4 ...has a warm personality?
5 ...gets angry quickly?
6 ...is a faithful friend?
7 ...is proud of his or her success?

16 🎧 Des problèmes à Blois!

André et Lee sont à Blois, mais André a laissé leur plan de Blois dans le train! Il faut demander le chemin. D'abord, Lee doit aller à la banque pour changer des dollars.

Listen to the six conversations and note the following details:

a where they want to go
b the problem they find.

Example: **1 a** bank

    b It closes in five minutes.

17 Demandez le chemin.

While on holiday in France you need to ask a stranger for directions.

- Greet the stranger and ask the way to the five places shown below.
- Ask how far each place is.
- Make sure you end the conversation politely!

TIP for Exercise 17

Will you need *tu* or *vous* for this task?

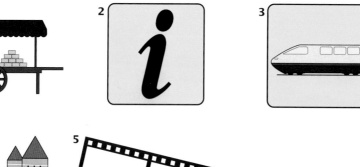

18 🎧 À la banque

Vous voulez changer de l'argent. Écoutez les questions, et répondez.

TIP for Exercise 18

In the GCSE speaking test you often have to cope with unexpected and unprepared questions from the examiner. It is often possible, with a bit of imagination, to predict what these questions might be. **Before** you listen to the recording, try to imagine what you are likely to be asked and prepare suitable answers in advance.

Worksheet 27 practises asking and understanding questions.

19 Au musée d'histoire naturelle

Au musée d'histoire naturelle de Blois, Lee et André regardent une exposition sur les dauphins en danger.

Des dauphins dans les filets

Des centaines de dauphins morts se sont récemment échoués sur les plages de la France. La côte atlantique, qui a beaucoup souffert depuis la tempête de fin d'année, ne demandait pas de nouveaux soucis. On pense que les dauphins ont été pris dans les filets utilisés dans la pêche à la traîne. Dans ce type de pêche, deux bateaux remorquent d'immenses filets qui descendent très profondément dans la mer. Les dauphins tombent prisonniers du filet qui ne les laisse pas passer. Ils meurent étouffés ou pleins de blessures. La pêche à la traîne est notamment utilisée pour l'anchois et le thon. Un seul pays d'Europe, l'Espagne, a eu le courage d'interdire ce type de pratique.

Read the passage and answer the questions in English.

1 Where in France have dead dolphins been found?
2 What had happened in that area the previous year?
3 When dolphins are caught in the net, what leads to their death?
4 Why is Spain mentioned in the passage?

dauphin (m) *dolphin*
s'échouer *to run aground*
filet (m) *net*
remorquer *to drag*

20 Une conversation sur la conservation

Devant l'exposition au musée André et Lee écoutent une conversation entre un étudiant et un homme plus âgé au sujet de la conservation.

Listen to the conversation and answer the questions in English.

1 What is the reaction of the young man to the dolphins' plight?
2 What action has he taken?
3 What reason does he give for this action?
4 Why does the older man not use a bicycle?
5 What did the younger man do during the demonstration in Paris apart from talk to people on the street?
6 What aspect of conservation does the older man appreciate?
7 What would the young man like to invent?

21   Poster pour les touristes

Qu'est-ce qu'il y a à faire et à voir?
Dessinez un poster sur une ville que vous connaissez.

TIP for Exercise 21

As you approach French towns, you often see signs about the town's attractions. These are often preceded by the words *son*, *sa* or *ses* (meaning 'its'), as in the example here. Make sure you choose the correct word for 'its' according to the gender of the noun which follows.

Worksheet 28 practises possessive adjectives (mon, ton, son, etc.).

22   Ma région

Écrivez une lettre (100 mots) à un(e) ami(e) français(e). Décrivez votre région.

• Qu'est-ce qu'il y a pour les touristes?
• Qu'est-ce qu'il y a pour les jeunes?
• Vous aimez habiter ici?

TIPS for Exercise 22

▪ Remember that *il y a* is three separate words. It is a common mistake to write this phrase as though it consists of only two words – even only one!
▪ Remember, too, to answer the third part of the task – saying whether you like living here. Candidates who leave out part of the content of a task such as this lose out on a proportion of the marks they could have scored.
▪ Try to find alternatives to the word *bon*. You can usually replace it with something more adventurous such as:
très intéressant
vraiment formidable
absolument superbe
vraiment sympa
très agréable

23 🎧 À la gare routière

André et Lee vont à la gare SNCF pour rentrer à Vendôme. Mais le dernier train est parti! Il faut aller à la gare routière.

Écoutez Lee et André. Écrivez la bonne lettre pour chaque phrase.

Exemple: **1 d**

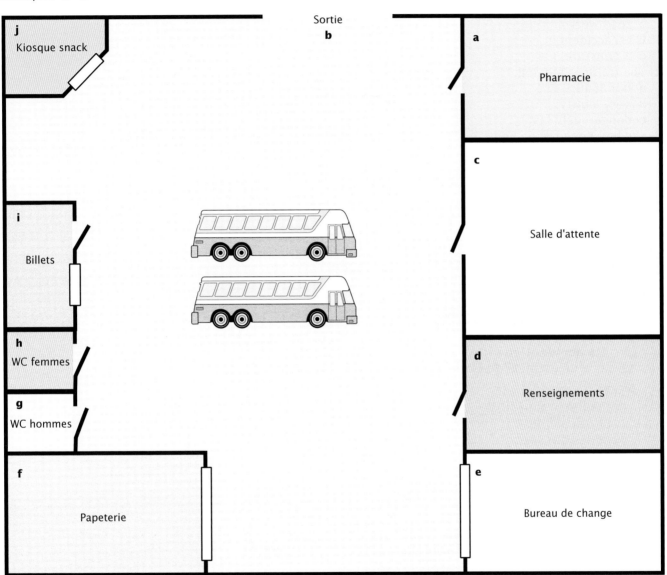

24 🎧 **Problèmes de route pour Mme Joubert**
La mère d'André a laissé un message au répondeur...

Listen to the message.
For each of the sentences below choose **a**, **b** or **c** to give the sense contained in the message.

1 She is delayed because of:
   a road works;
   b an accident;
   c a puncture.
2 The traffic is moving:
   a not at all;
   b very slowly;
   c dangerously fast.
3 She had hoped to be home:
   a by 8.00;
   b by 7.00;
   c by 6.00.
4 She expects to be delayed by:
   a seven hours;
   b an hour and a half;
   c seven and a half hours.
5 She has bought:
   a a card for Marie;
   b a present for Marie;
   c some posters for her husband.

TIP for Exercise 24

Towards the end of the passage is she talking about *mari* or *Marie*?

25 **Un accident en ville**
Vous avez vu un accident de la rue. Écrivez un reportage pour la police.

• Qu'est-ce qui s'est passé?
• Quelles voitures étaient là?
• Il y avait des piétons?
• Il y avait des blessés?

TIP for Exercise 25

The instructions are in the past tense, so your account is expected to be in the past, too. Make sure you use *il y **avait*** instead of *il y a* when referring to past events and situations. You will score lots of marks for using the past tenses correctly. It is worth spending a good deal of revision time on this area.

Worksheets 6 and 19 provide practice of the perfect tense.
Worksheet 29 provides practice of the imperfect tense.

26 **Un voyage désastreux**

J'étais seul(e) dans la voiture. Il faisait noir. Il était tard. Il pleuvait. J'avais faim. Encore cinquante kilomètres avant de revoir mes amis et ma famille . . . Mais je ne suis jamais arrivé(e) . . .

Pourquoi pas? Qu'est-ce qui s'est passé? Continuez l'histoire en 100–120 mots.

27 **Un voyage inoubliable**
Écrivez un reportage (100 mots). Où êtes-vous allé(e)? Quand? Avec qui? Pourquoi? C'était excellent ou désastreux?

TIPS for Exercise 27
- You will need to use the past tense for this task. Revise the perfect tense of the common verbs which you will need for tasks such as this, e.g. *Je suis allé(e), Je suis parti(e), Je suis arrivé(e), Je suis resté(e), J'ai fait, J'ai vu* . . .
- Check whether the verb uses *avoir* or *être*.
- Remember that you can use *en* + present participle to mean 'whilst . . .'. Try to use a couple of examples of this structure in this task. For example:
  en quittant la maison   whilst leaving home
  en arrivant   on arriving, as I arrived

Worksheets 6 and 19 practise the perfect tense.
Worksheet 29 practises the imperfect tense.

TIPS for Exercises 26 and 27
- Be imaginative, but don't be so ambitious that you try to say things which are too complicated at this stage. Stick to structures which you are familiar with.
- Don't write your story in English and then try to translate it – that is usually a recipe for disaster!

inoubliable *unforgettable*

28 Les activités en ville

Qu'est-ce que vous avez fait pendant une visite en ville? Quel temps a-t-il fait?

unité 4
Il faut travailler!

UNIT GOALS

Grammar focus in this unit
- opinions
- future tense
- conditional tense
- perfect tense
- imperfect tense
- referring to the future
- adverbial phrases
- making requests, asking questions
- gender
- numbers
- prepositions

Topics covered in this unit
- continuing education
- career plans, different types of work
- work experience, part-time work, finding a job

Paul et ses amis vont passer le bac dans deux ans. Ils pensent souvent à la vie après leurs études.

1 **Qu'est-ce que tu vas faire après l'école?**

Lee et André passent le week-end avec leurs amis à Blois. Au Café Bijou, Lee parle avec ses nouveaux amis.

Écoutez les amis et lisez les phrases. Qui exprime ces opinions?

Exemple: **1** Paul

1 «Je vais habiter avec quelques amis.»
2 «Le travail sera trop dur pour moi.»
3 «Je n'aime pas les tâches ménagères.»
4 «J'ai choisi une matière difficile.»
5 «Je n'ai aucune envie de rester à l'école.»
6 «Ma mère fait la cuisine chez nous.»
7 «Il est important de faire beaucoup le soir et le week-end.»

TIPS for Exercise 1

- The ability to recognise opinions is tested for the higher grades. This task allows you to practise the skill of matching an opinion which you **hear** with one which you **read**.
- You will probably find it helpful to read the statements in detail before you listen to the recording. Don't expect to hear the statements word for word.

Worksheet 30 practises useful phrases for recognising and giving opinions.

2 🎧 C'est quel travail?

Écoutez les phrases et écrivez la bonne lettre.

Exemple: **1 b**

TIPS for Exercise 2

- Revise the words for different jobs and professions before you start this task. Make sure you understand the difference between the **male** version and the **female** version of the same job (e.g. *vendeur, vendeuse*).
- For the last question you may want to revise telling the time.

Worksheet 31 practises the language you need for talking about jobs and professions.

3 **Où travaillent-ils?**

Remplissez les blancs.

Exemple: **1** au bureau

1 Un secrétaire travaille _____ _____ .
2 Un vendeur travaille _____ _____ .
3 Un professeur travaille _____ _____ .
4 _____ _____ travaille à l'hôpital.
5 _____ _____ _____ à la ferme.

4 **Le conseil d'orientation**

Dans les écoles françaises, les conseillers d'orientation aident les élèves à trouver un travail convenable.

Copiez et remplissez le formulaire.

TIP for Exercise 3

To be sure of maximum marks, pay careful attention to your spelling.

Nom: _____

Âge: _____

École: _____

Matières que vous aimez: i) _____
                                      ii) _____

Matières que vous n'aimez pas: i) _____
                                           ii) _____

Passe-temps préférés: i) _____
                            ii) _____

Caractère: _____ et _____

Qu'est-ce que vous aimez lire? Les livres de . . . _____

_____

_____

Qu'est-ce que vous aimez regarder à la télévision? Les . . .

_____

_____

5 🎧 Que fais-tu pour gagner de l'argent?
Djamal, Sophie, Patrick et Muriel parlent de leur travail à temps partiel.

1 Écoutez la conversation. Quel travail font-ils? Copiez la grille et remplissez la colonne *Quel travail?*
2 Écoutez une deuxième fois. Donnez encore un détail pour chaque personne.

Nom	Quel travail?	Autre détail
Djamal		
Sophie		
Patrick		
Muriel		

TIP for Exercise 5

In the *Autre détail* column you may put **one** other detail you hear which is **relevant**. However, be aware that if you write too much and part of it is wrong, this may invalidate the whole mark, so only put down one thing that you are really sure of.

6 🎧 Le travail à mi-temps
1 Écoutez la conversation. Copiez la grille et donnez les détails pour remplir les blancs.

		Travail	Quand?
Exemple:	1	*Boulangerie*	*Tous les matins de 7 à 12*
	2	_____	_____ et _____ soir, de temps en temps samedi matin
	3	_____	lundi et _____, _____ ou mercredi, _____ et _____
	4	Chauffeur de _____	_____ heures par semaine
	5	_____	_____ heures par _____
	6	_____	Dix _____ par _____
	7	_____	De _____ à _____, tous les jours

2 Pour chaque personne, donnez encore un détail.

Exemple: 1 L'après-midi, elle reste à la maison avec ses enfants.

TIPS for Exercise 6

- There are really three stages to this task. Break the task down into separate parts and you will find it easier to manage.
  1 First you need to read the table and know what information you are looking for.
  2 Then you need to understand the passage and find the information.
  3 Lastly you need to write the information down in accurate French.
- Remember that *rester* does not mean 'to rest'.

Worksheet 9 gives you some reminders about this and other 'false friends' – French words that are similar to English ones but have a different meaning.

7 🎧 Vous aimez votre travail?

Écoutez les habitants de la rue Maréchal Foch qui parlent de leur travail.

- Est-ce qu'ils aiment leur travail ou pas?
- Pourquoi?

Écrivez *aime* ou *n'aime pas* et donnez une raison pour chaque personne.

Exemple: **1** N'aime pas: pas bien payé.

8 Un(e) ami(e) suisse

Vous avez reçu un mél d'un(e) ami(e) suisse. Lisez cet extrait et écrivez une réponse (100 mots).

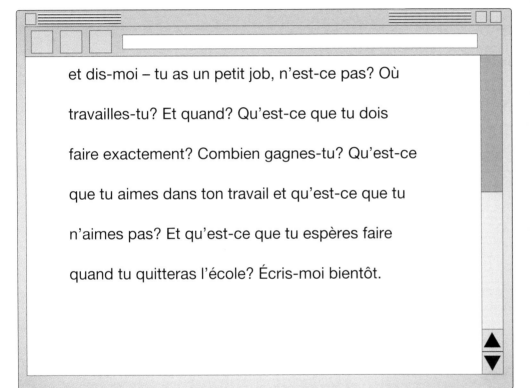

et dis-moi – tu as un petit job, n'est-ce pas? Où travailles-tu? Et quand? Qu'est-ce que tu dois faire exactement? Combien gagnes-tu? Qu'est-ce que tu aimes dans ton travail et qu'est-ce que tu n'aimes pas? Et qu'est-ce que tu espères faire quand tu quitteras l'école? Écris-moi bientôt.

9 🎧 L'important dans votre travail

Écoutez la conversation. Choisissez un travail dans la case qui correspond à chaque personne.

Exemple: **1** jardinier

mécanicien	institutrice
vétérinaire	
homme d'affaires	
bibliothécaire	
plombier	jardinier

TIPS for Exercise 7

- Try not to copy chunks of the passage. You will get better marks if you answer the question *pourquoi?* in your own words.
- Remember that although the speakers are using *je*, you will need to use *il* or *elle* verb forms when you describe their opinions.

TIPS for Exercise 8

- Be sure to answer absolutely all the questions you are asked (there are **eight** here). In the exam tick off all questions or underline them as you deal with them, to make sure you do not miss any out.
- Will you use *tu* or *vous* here?

TIPS for Exercise 9

- Remember that in listening tasks you do **not** need to understand every word in order to get all the marks! That's why it's important to read the question carefully first, so you know what key points to listen for.
- In the case of this task, look at the jobs listed in the box **before** you listen – this will help you to spot key relevant words.

10 «Bienvenue à APG Assurances.»

Djamal commence un stage dans une compagnie d'assurances. Le directeur du personnel, Mme Boyet, parle avec lui.

Écoutez le passage et choisissez **a**, **b** ou **c** pour chaque question.

1 Il a une pause-déjeuner:
  a d'une heure;
  b d'une heure et demie;
  c de deux heures.

2 La nourriture à la cantine:
  a n'est pas bonne;
  b est bonne mais chère;
  c est bonne et pas chère.

3 Tous les employés:
  a doivent porter une cravate;
  b détestent l'uniforme;
  c portent un uniforme en bleu foncé.

4 La cravate est:
  a bleu clair;
  b bleu foncé;
  c grise.

5 Il est permis de fumer:
  a à l'intérieur du bureau;
  b à l'extérieur du bureau;
  c dans la cantine.

6 Monsieur Albert est:
  a conseiller d'orientation;
  b président directeur général de l'entreprise;
  c chef de section.

TIP for Exercise 10

Remember that *un stage* does not mean 'a stage' and *chef* does not necessarily mean 'chef'!

Worksheet 9 gives you some reminders about this and other 'false friends' – French words that are similar to English ones but have a different meaning.

11 Au bureau d'APG Assurances

Identifiez les panneaux. Écrivez la bonne lettre.

Exemple: **1 a**

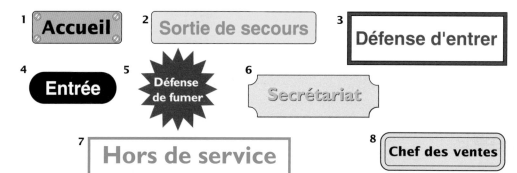

1 a reception	**b** way out	**c** canteen
2 a emergency exit	**b** toilets	**c** drinking water
3 a way in	**b** way out	**c** no entry
4 a no exit	**b** reception	**c** entrance
5 a no smoking	**b** smoking allowed	**c** smoke barrier
6 a factory	**b** secretary's office	**c** secretarial work
7 a out of order	**b** stables	**c** service charge
8 a chef's office	**b** sales manager	**c** ventilation shaft

12 Qu'est-ce qu'il y a dans un bureau?

Faites une liste (10 choses) en français.

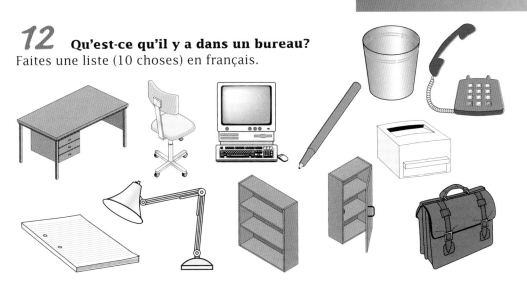

TIP for Exercise 12

Examiners will allow minor spelling errors in tasks like this, but be careful, however, to write words in **French** rather than in English or any other language: *téléphone* and *lampe* are correct but *telephone* and *lamp* are not.

13 Vous avez besoin de . . . ?

1 Au bureau – demandez ces choses:

Exemple:

Je voudrais du papier, s'il vous plaît.

TIP for Exercise 13

Choose the correct word for 'some', 'a' or 'an' – masculine or feminine?

Worksheet 31 practises the language you need to describe workplaces.
Worksheet 32 practises using du, de la, des and au, à la, aux correctly.

2 Au bureau – que voulez-vous faire?

Exemple:

Je voudrais envoyer une lettre, s'il vous plaît.

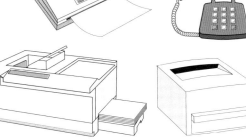

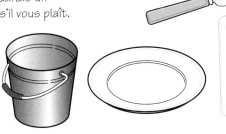

3 À la maison – demandez ces choses:

Exemple:

Je voudrais un marteau, s'il vous plaît.

14 Du travail pour les jeunes

Colonie de la Plage
cherche
jeunes employés (17–21 ans)
pour l'été
Possibilité de travail aux magasins,
au café, au restaurant, à l'hôtel,
à l'extérieur

Vous voulez travailler à la Colonie de la Plage pendant l'été.
Écrivez une lettre (100 mots).
Mentionnez:

• vos détails personnels
• quand vous pouvez commencer le travail
• où vous voulez travailler
• pourquoi
• votre expérience.

TIPS for Exercise 14

• Will you use *tu* or *vous* here?
• Which tense will you need when giving information about *votre expérience*?
• Whenever you are asked for *détails personnels*, give at least your first name and surname. Your first name alone is never enough.

15 Parlez du travail

Répondez à ces questions. Essayez chaque fois de parler pendant une minute.

- Quand comptez-vous quitter l'école?
  (quand? aller à l'université? étudier quelles matières? quel travail? habiter où?...)
- Qu'est-ce que vous espérez faire dans dix ans?
  (étudier? travailler? voyager? vous marier? avoir des enfants?...)
- Quel métier avez-vous choisi?
  (le métier? pourquoi? bien payé? qualifications? heures du travail? collègues?)

TIPS for Exercise 15

- Use the words and phrases below each question for ideas to prompt you, so that you can keep going for one minute. Remember that in the conversation part of the exam, the more of you there is on the tape, and the less of the examiner, the better your score!
- Revise the conditional tense for this task as it may be useful to say what you would like or would do in a job.

Worksheet 39 practises the conditional.

16 Présentation

Faites des notes et parlez pendant une minute sur un des thèmes suivants:

- Mes projets pour l'avenir
- Mon travail préféré
- Un boulot pour les vacances
- Un stage de formation

TIP for Exercise 16

Note down phrases and prompts, as in Exercise 15, to help you to keep going for a full minute on the topic.

Worksheet 20 practises referring to the future.
Worksheet 33 practises describing a day of work experience.

17 Le stage – la première journée

Vous avez fait un stage. Qu'est-ce qui s'est passé pendant la première journée?

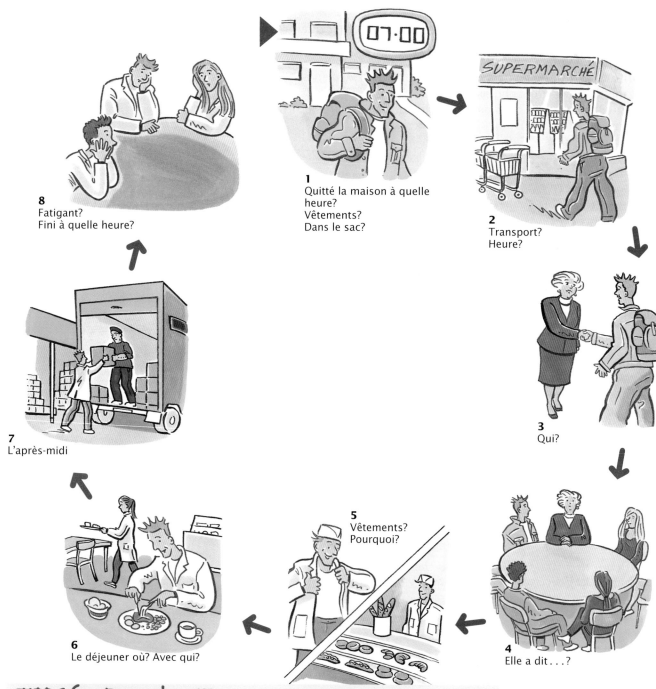

8
Fatigant?
Fini à quelle heure?

1
Quitté la maison à quelle heure?
Vêtements?
Dans le sac?

2
Transport?
Heure?

3
Qui?

7
L'après-midi

5
Vêtements?
Pourquoi?

4
Elle a dit . . . ?

6
Le déjeuner où? Avec qui?

TIPS for Exercise 17

- Use the **past tense** and add any other information you want. Use plenty of **adverbs** and **adverbial phrases** such as:
  heureusement/malheureusement
  de temps en temps
  après quelques minutes/quelques jours
  À ma grande surprise
- Above all, **keep going!** Your account does not have to be word-perfect to score well.

Worksheet 33 practises describing a day of work experience.

18   Nathalie cherche un boulot.

Nathalie, la sœur aînée de Monique, passe une année à Paris. Elle cherche du travail pour gagner de l'argent de poche.

a

Famille française cherche baby-sitter (fille/garçon) avec expérience pour 3–4 vendredi/samedi soirs par mois. Une fille de 4 ans et un garçon de 18 mois.
À partir de janvier. Quartier Latin.
Réf: CB345

b

Famille française 3 enfants cherche nanny pour ramasser enfants à la sortie de l'école + devoirs + ménage + repassage. Possibilité de travail le w/e (1 à 2 par mois). Permis de conduire essentiel, références aussi. Marais. Réf: RG795

c

Famille française cherche nanny à mi-temps. Entre 14 et 19h par semaine pour faire les courses, s'occuper de quelques tâches domestiques minimes (une femme de ménage vient tous les jours), ramasser les enfants à l'école (jumeaux âgés de 4 ans et un aîné âgé de 6,5 ans), faire faire les devoirs, donner les bains et les faire dîner. Possibilité de travail aussi pendant les vacances scolaires. Bois de Boulogne. Réf: JHH754

Read the adverts and answer the questions.
For which job...?

1 ...must she have a driving licence?
2 ...will she do household chores as well as babysitting?
3 ...will she have to make the children do their homework?
4 ...will she start in January?
5 ...will she look after a baby under two years old?
6 ...must she supply references?
7 ...will she work alongside a cleaner?

TIP for Exercise 18

Near the end of the third advert, *faire faire* is not a misprint. In order to work out what the sentence means, remember that *faire* means 'to make' as well as 'to do'.

19 Abdul et Sylvie cherchent du travail pour l'été.

Lisez les publicités et remplissez les blancs pour compléter les phrases.

Vendeur/euse – Boutique spécialisée dans la distribution d'huile d'olives et ses produits dérivés recherche vendeur/euse mi-temps (3 jours par semaine, de 10h à 19h30). Une expérience dans la vente d'au moins 6 mois est exigée. Le poste est basé à Origny. **Réf: Sf 446.**

exigé　*required*
vente (f)　*sales*

1 On vend _____ .
2 On commence le matin à _____ .
3 Le magasin se trouve à _____ .

Société télécommunications
recherche assistant(e) dans le call centre.
Télévente auprès de clients dans tous les pays d'Europe.
Contrat à durée déterminée de 2 mois. Une expérience
commerciale serait avantageuse. Poste basé à Origny.
Réf: SF 3786

4 On va _____ dans le call centre.
5 Les _____ viennent de tous les pays d'Europe.
6 La ville où on va travailler s'appelle _____ .

TIP for Exercise 19

Tasks requiring answers in French can be quite complicated. Break this down into three:

1 Read the questions so you know what information you are looking for.
2 Read the passage to find the information.
3 Put the information down in appropriate French.

20 Louise, ingénieur

Louise, 25 ans, la sœur aînée de Sophie, parle de son travail comme ingénieur de production à Air France.

Lisez le passage et les phrases ci-dessous. Quelles sont les quatre vraies phrases? Notez les numéros.

adjointe (f) *assistant*
à l'aise *at ease, relaxed*
entretenir *to maintain*
pour que *so that*
suivi (m) technique
    technical back-up

Louise, 25 ans, ingénieur de production à Air France

Louise est en poste au centre de maintenance d'Air France à Roissy-Charles-de-Gaulle depuis un an et demi. Son travail, c'est «de s'arranger pour que les avions à entretenir, les pièces nécessaires et les mécaniciens soient là ensemble au même moment».

Passionnée d'aéronautique, elle a commencé par prendre des cours d'initiation au pilotage. Mais «le travail autour de l'avion m'intéressait le plus: la maintenance, la sécurité, le suivi technique...». Elle a suivi un cours à l'École supérieure des techniques aéronautiques et de construction automobile. À sa sortie, la jeune fille a simplement répondu à une petite annonce. Louise est adjointe d'un responsable de production qui a en charge une équipe de 250 mécaniciens.

Elle a pour mission d'améliorer l'organisation du centre de maintenance. De plus, elle est à l'aise dans ce milieu à 95% masculin que face à un moteur d'avion.

1 Louise travaille depuis 18 mois pour Air France.
2 Elle veut devenir pilote un jour.
3 Elle trouve l'aéronautique vraiment passionnante.
4 Quand on cherchait des employés on a visité l'école ou Louise étudiait.
5 Louise travaille à un aéroport.
6 Louise est responsable d'une équipe de 250 mécaniciens.
7 Il est impossible d'améliorer les conditions de travail.
8 Seulement 5% de ses collègues sont des femmes.

21 Au téléphone

Vous voulez parler avec M. Martin. On vous pose les questions suivantes. Inventez des réponses.

1

Vous voulez parler avec qui?

2

C'est de la part de qui?

3

Pouvez-vous attendre un instant?

4

Pouvez-vous me donner vos coordonnées, s'il vous plaît?

5

Donnez-moi votre numéro de téléphone.

6

Est-ce que vous pouvez épeler votre nom de famille?

7

Je vous rappelle à quelle heure?

8

Donnez-moi votre adresse e-mail, s'il vous plaît.

TIP for Exercise 21

When giving your telephone number, use the French method of giving digits in pairs e.g. 327348 would be *trente-deux, soixante-treize, quarante-huit.*

Worksheet 1 practises numbers in French.

22 Un coup de téléphone

You are making a phone call to a French business.

- Ask if you can speak to M. Simon.
- Ask when he will be back.
- Say you will ring back at three-thirty.
- Give your name.
- Answer the question.

23 La vidéosurveillance et les employés

Lisez le passage.

Au boulot, la vidéo, c'est réglo

L'ordinateur, le téléphone et autres badges d'accès – notre employeur peut utiliser ces appareils pour vérifier notre activité. À condition, bien sûr, de nous en informer et de respecter certaines limites.

[1] Vous devez être mis au courant de ces dispositions

On installe des caméras dans les couloirs... Est-ce que c'est légal? Oui, pourvu que votre employeur vous a prévenu et qu'il a respecté la procédure: consultation du comité d'entreprise ou des représentants du personnel, et de la Commission nationale informatique et libertés (Cnil).

[2] Si le contrôle est illégal, vous êtes protégé

S'il n'a pas respecté ces règles élémentaires, votre employeur ne peut pas utiliser ce dispositif pour vous sanctionner, quelle que soit la gravité des faits reprochés.

[3] Prenez garde de ne pas vous mettre en tort

Avec un contrôle légal, votre employeur peut apprendre vos heures d'arrivées et de départs, les programmes informatiques utilisés, les sites Internet consultés, les destinataires des e-mails ou des appels téléphoniques... Respectez vos horaires et évitez de vous servir du matériel à des fins personnelles.

[4] Vous avez droit au respect de votre vie privée

Même dans l'entreprise, on ne peut porter atteinte à votre vie privée. Ainsi, un réseau de vidéosurveillance peut être mis en place si la sécurité de l'entreprise le justifie, mais ne doit pas être utilisé pour contrôler l'activité de tous. Pas de caméra derrière chaque bureau, donc. Aussi, les écoutes téléphoniques sont strictement interdites.

Mettez ces phrases dans le bon ordre selon le passage.
La première, c'est numéro 5.

1 Un employeur a le droit de contrôler les sites Internet que vous consultez pendant les heures de votre travail.
2 Il n'est pas recommandé d'utiliser du matériel pour des fins personnelles.
3 Un employeur a le droit de mettre en place un système de vidéosurveillance dans un bureau.
4 Un employeur doit respecter les limites.
5 Les ordinateurs et les téléphones sont beaucoup utilisés de nos jours.
6 Un employeur n'a pas toujours le droit d'utiliser un dispositif pour sanctionner un employé.
7 Il est nécessaire de respecter les horaires.

au courant *in the know, up to speed*
boulot (m) *job, work*
destinataire (m) *addressee, person receiving something*
dispositif (m) *device*
en tort *in the wrong*
porter atteinte à (la vie privée) *to harm (invade privacy)*
prévenir *to warn*
quelle que soit ... *whatever may be ...*
réglo *short for réglementaire – the rule, the norm*
réseau (m) *network*

TIP for Exercise 23

When you are faced with a difficult passage such as this one, you might find it helpful to read the questions first. This will help you gain an idea of the kind of information you need to look out for when you read the passage.

24 Vinexpo
Cette semaine M. Vierny visite le «Vinexpo» à Bordeaux.

> Vinexpo est au vin ce que le Festival de Cannes est au cinéma: le grand rendez-vous des professionnels du monde entier. Dans la journée, ils dégustent, signent des accords et passent des marchés sur les deux mille quatre cents stands du Salon; puis, le soir ils nouent des contacts au cours des dîners et des fêtes qui ont lieu dans les grands châteaux de la région.
>
> Ce dixième salon, qui a commencé lundi et qui s'achèvera ce soir, a mis en évidence plusieurs tendances. D'abord, une augmentation de la fréquentation (environ + 8% sur les trois premiers jours), notamment de la part des Japonais (+ 30%), qui confirment leur engouement pour les grands vins français. Augmentation également du nombre de visiteurs européens (Allemands, Britanniques, Scandinaves…); mais stagnation en nombre des Américains, et surtout régression des Asiatiques.

Lisez le passage.
Choisissez les mots dans la case pour remplir les blancs.

Exemple: **1** Le Festival de Cannes

1 On fait la comparaison entre _____ et Vinexpo.
2 Vinexpo, c'est un grand rendez-vous de _____.
3 Il y a _____ stands.
4 Pendant la journée, les visiteurs _____.
5 Le soir, ils _____.
6 Il y a plus de visiteurs _____ qu'autrefois.
7 Le nombre de visiteurs qui viennent _____ n'a pas augmenté.

marchands de vin	2 400 000	fanas du cinéma	dégustent des vins
dînent ensemble	Américains	de la France	des États-Unis	japonais
d'Allemagne	chefs de cuisine	le Festival de Cannes	2 400	24 000
	visitent des vignobles		

Glossary:

s'achever *to end*
augmentation (f) *increase*
déguster *to sample*
engouement (m) *taste, liking*
nouer *to knot, tie*
régression (f) *reduction*

TIPS for Exercise 24

- In a gap-filling task it is important to pay attention to the grammar. Usually only one or two words will fit **grammatically** into any given gap. Find these and it is then usually quite easy to choose between them. In question 2, for example, the grammar suggests that the missing word will be a noun. This narrows the choice down to: *marchands de vin, fanas du cinéma, Américains, Japonais, chefs de cuisine.* You can now work out which of these fits the sense.
- On an exam paper, cross the words off as you use them.

25 Publicité pour un nouveau produit
Dessinez la publicité pour un nouveau produit.

- Ça s'appelle comment?
- Qu'est-ce que c'est?
- Le prix?
- Autres détails?

unité 5
Découvertes: voyages, médias, problèmes

UNIT GOALS

Grammar focus in this unit

- asking questions, making requests
- constructions with infinitives
- object pronouns
- perfect tense
- imperfect tense
- *il faut, devoir*
- *vouloir*
- referring to the future

Topics covered in this unit

- holidays: things to see and do
- accommodation on holiday
- media
- crime, drugs, social issues

TIP for Exercise 1

Before you attempt this task you might find it helpful to revise the names of countries.

Worksheets 22 and 23 practise the language you need to talk about countries and nationalities.

Sophie rève de voyager autour du monde. Son magazine préféré est *Vacances et Voyages*, qu'elle lit tous les week-ends.

1 🎧 Identifiez les illustrations.

Écoutez Sophie et regardez les illustrations du magazine *Vacances et Voyages*. Écrivez la bonne lettre.

Exemple: **1 c**

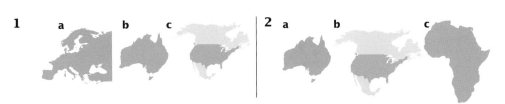

3

4

5

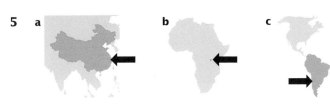

2 Quiz: en vacances – c'est quoi?

À la «Page jeunes» de *Vacances et Voyages* il y a un quiz.

Essayez de faire le quiz.

Exemple: **1 c**

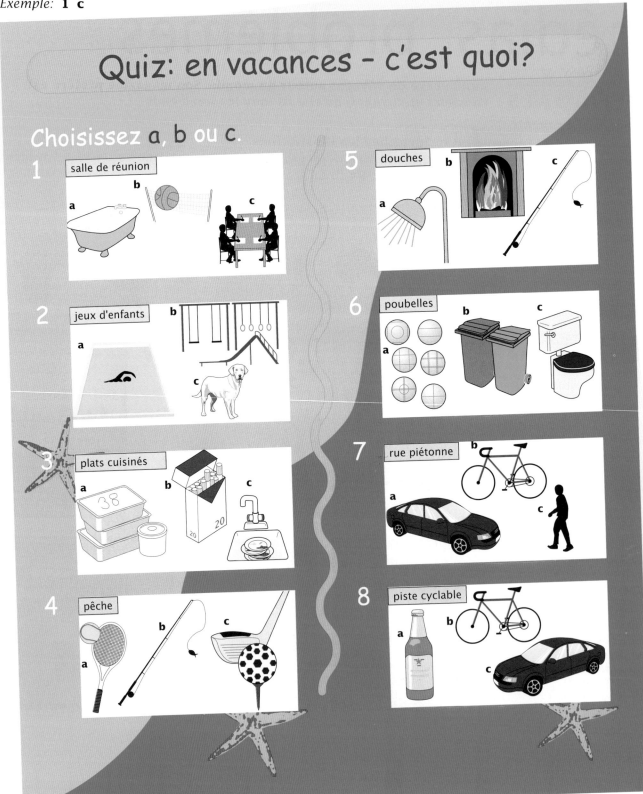

3 Qu'est-ce qu'on aime faire en vacances?

Voici un article de *Vacances et Voyages* sur les activités préférées des Français en vacances.

TIPS for Exercise 3

- Don't mix up *faire une promenade en bateau* with *se promener*!
- Look out for the use of *ne . . . que* at the start of the second paragraph.

***Worksheet 35 practises* ne . . . que *and other constructions with* ne . . .**

La promenade avant la baignade!...

Quand on demande aux Français qui vont passer leurs vacances au bord de la mer, quelles sont les activités qu'ils pratiquent durant leur séjour, la réponse numéro un est un peu surprenante.

La natation et la baignade n'arrivent qu'en seconde position avec 35,7% des réponses. C'est la promenade qui arrive en numéro un pour 43,9% des personnes interrogées.

La visite des monuments, musées ou sites touristiques se placent en troisième position. Quant au bateau, à la voile, à la planche à voile et autres sports nautiques, avec 7,6%, ils s'inclinent devant le vélo (7%). La pêche ne représente que 5,2% des réponses. La gastronomie n'est citée que par 5,1% des personnes interrogées.

Qu'est-ce qu'on aime faire en vacances? Quelles sont les activités les plus populaires?
Mettez ces activités dans l'ordre selon leur popularité.

Exemple: **a** 2

a Nager
b Le cyclisme
c Visiter un château ou une cathédrale
d Visiter un restaurant ou faire la cuisine
e Faire une promenade en bateau
f Se promener

4 En vacances – activités préférées

Faites une liste de huit choses que vous aimez faire en vacances. Par exemple, quelle sorte de . . .

- sports
- visites
- logement
- passe-temps

. . . préférez-vous?

5 Des publicités
Voici deux publicités de *Vacances et Voyages*.

Lisez les publicités et les sept phrases. Pour chaque phrase, décidez: c'est vrai, faux ou pas mentionné? Écrivez **V**, **F** ou **PM**.

attelage (m) *horse-drawn carriage*
montgolfière (f) *hot-air balloon*
percheron (m) *cart horse*

SURVOLS DES CHÂTEAUX DE LA LOIRE
EN HÉLICOPTÈRE, EN AVION, EN MONTGOLFIÈRE

Circuits aériens touristiques
Ouvert toute l'année
Vols de 10mn à 1h.
Nombre de passagers:
de 1 à 50 pers.
Renseignements: 02 54 66 88 06

PROMENADE EN ATTELAGE
25 minutes
Découvrez les quartiers anciens de la ville au pas tranquille des percherons
Départ: Place du Château
Office de tourisme
3 Avenue Jean Laigret, 41000 Blois
Tél: 02 54 90 41 41;
Fax: 02 54 90 41 49

1 On peut faire les circuits touristiques en avion.
2 On ne peut pas faire les circuits touristiques en hiver.
3 Les vols sont très chers.
4 On compose le 02 54 66 88 06 pour obtenir des informations sur les vols.
5 La promenade en attelage est recommandée par les touristes.
6 Une promenade en attelage dure moins d'une demi-heure.
7 Les chevaux sont très vieux.

TIPS for Exercise 5

- You will probably find the questions harder to understand than the passage itself. Read them carefully so that you are not caught out by subtle differences.
- Note as ***vrai*** (V) only those sentences which convey **exactly** the same information as that contained in the passage.

6 Visite d'un château
Voici une autre publicité de *Vacances et Voyages*.

Lisez la publicité. Choisissez un mot dans la case pour remplir les blancs.

faire appel à   *to call upon*

SON ET LUMIÈRE DANS LA COUR DU CHÂTEAU

Spectacle nocturne faisant appel aux technologies les plus contemporaines

Tous les soirs du 29 avril au 16 septembre (excepté le 13 juillet)

Du 29 avril au 31 mai: 22h15

En juin et juillet: 22h30

Du 16 au 31 août: 22h00

Du 1er au 16 septembre: 21h30

Séances en anglais tous les mercredis de mai, juin et septembre

Tarif: 4€

De 6 à 20 ans, étudiants, demandeurs d'emploi: 2€

1 Le spectacle a lieu au _____ .
2 On emploie la technologie _____ .
3 Il n'y a pas de _____ le 13 juillet.
4 Au printemps, les spectacles commencent à dix heures et _____ .
5 On peut écouter le commentaire en _____ un jour par semaine.

anglais	spectacle	musée	séance	ancienne	contemporaine	demie
	demi	château	étudiant	quart		

TIPS for Exercise 6

- Look at the grammar of the sentences in which you have to fill the gaps. In this way you narrow down the choice to one or two possible words each time.
- Remember that *une séance* is not a 'seance'!

7 Est-ce que vous connaissez l'Europe?

L'Union fait la force

SUÈDE
FINLANDE

ROYAUME-UNI
DANEMARK

IRLANDE
PAYS-BAS

BELGIQUE
ALLEMAGNE

LUXEMBOURG
AUTRICHE

PORTUGAL
FRANCE
ITALIE

ESPAGNE

GRÈCE

L'EUROPE À GRANDE VITESSE

Grâce à l'Eurostar, Londres est à 3 h de Paris, de centre-ville à centre-ville.
Avec le TGV, Paris est à:
– 1 h 25 de Bruxelles;
– 4 h de Cologne;
– 3 h 15 d'Amsterdam (à la fin 2005);
– 3 h de Barcelone (en 2010).
L'Europe compte plus de 155 000 km de voies ferrées – environ 4 fois la circonférence de la Terre.

LE SAVIEZ-VOUS?

Les langues parlées dans les pays de l'Union ont, pour la plupart, une origine indo-européenne commune. Cette origine apparaît dans certains mots: la nuit, par exemple, se dit *night* en anglais, *Nacht* en allemand, *natti* en suédois, *naktos* en grec, *notte* en italien, *noche* en espagnol, *naite* en portugais.

L'UNION EUROPÉENNE EST LA RÉGION LA PLUS URBANISÉE DE LA PLANÈTE

78% des habitants vivent en ville.
7 villes dépassent les 2 millions d'habitants:
- Paris (9,3 millions)   • Londres (6,9)
- Berlin (3,4)   • Athènes (3,1)   • Madrid (2,9)
- Rome (2,6)   • Lisbonne (2,2).

Lisez l'article de *Vacances et Voyages*.

Corrigez les erreurs dans les phrases **1–10**. Il faut changer **un mot** ou **un chiffre** dans chaque phrase.

Exemple: **1** moins → plus

1 L'Europe est le continent le moins urbanisé de la planète.
2 Soixante-dix-huit pour cent des habitants de l'UE vivent en Grande-Bretagne.
3 Sept villes européennes ont plus de douze millions d'habitants.
4 Lisbonne est plus grande que Rome.
5 Le centre-ville de Paris est à 3km de Londres.
6 Le voyage de Paris à Barcelone dure 4 heures.
7 L'Eurostar va de Paris à Londres en 1h25.
8 Il y a plus de 200 000 km de chemins de fer en Europe.
9 Les langues de l'UE ont une origine grècque commune.
10 En Suisse, on utilise le mot «natti» pour nuit.

> *TIP for Exercise 7*
>
> Make sure you understand comparatives and superlatives before doing this task.
>
> **Worksheet 36 practises comparatives and superlatives.**

8 **Offre spéciale – visite de Strasbourg**
Il y a une offre spéciale dans *Vacances et Voyages* – une visite de Strasbourg à prix réduit.

Read the information about the special offers for the tour of Strasbourg.

Les visites-découvertes...

se font généralement à pied et durent environ 1 h 30
(2 heures pour les visites bilingues), avec 5 personnes au moins.

Départ: **Office de Tourisme**
17, place de la Cathédrale.
Merci de vous présenter si possible 1/4 d'heure
avant le départ.

Tarif: 5,9€

1/2 tarif: 3€ pour les jeunes de 12 à 18 ans, les étudiants
munis de leur carte, les militaires en uniforme et les
détenteurs du "Strasbourg Pass".

Gratuit: pour les enfants de moins de 12 ans accompagnés.

Choose **a**, **b**, or **c** to give the sense of the passage.

1 You make the visit:
  a on foot;
  b by bus;
  c by boat.
2 A visit with a commentary in English will take:
  a a quarter of an hour;
  b one and a half hours;
  c 2 hours.
3 A group may consist of:
  a 5 people at the most;
  b 5 people at least;
  c 5 tourists to one guide.
4 Visitors:
  a meet at the tourist information office;
  b can only visit on Tuesdays;
  c are given presents at the end of the tour.
5 A 14-year-old has to pay:
  a 2,75€;
  b 3€;
  c 2€.

TIP for
Exercise 8

Watch out for French place names which look as though they mean something else. *Strasbourg* is not likely to confuse anyone. But if you see posters headed, e.g. *Vacances-Nice* or *Voyages-Tours*, you might not immediately realise that *Nice* and *Tours* are French towns. Other towns which may confuse in this way are *Nancy, Le Mans, Angers.*

9 Site web sur Strasbourg

Sophie à vu l'offre dans *Vacances et Voyages* et elle surfe sur Internet pour trouver des renseignements sur Strasbourg. Voilà le site web qu'elle a trouvé.

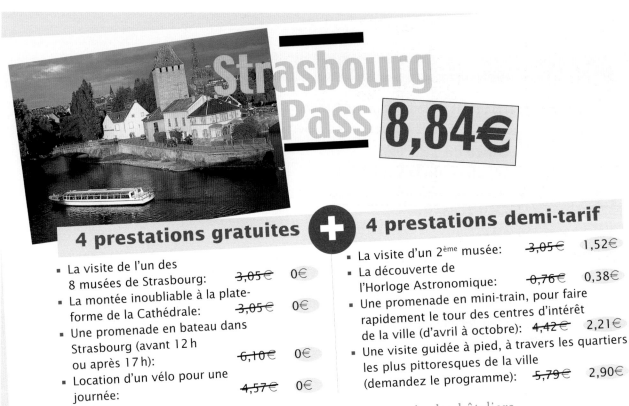

Strasbourg Pass 8,84€

4 prestations gratuites ➕ 4 prestations demi-tarif

- La visite de l'un des 8 musées de Strasbourg: ~~3,05€~~ 0€
- La montée inoubliable à la plate-forme de la Cathédrale: ~~3,05€~~ 0€
- Une promenade en bateau dans Strasbourg (avant 12 h ou après 17 h): ~~6,10€~~ 0€
- Location d'un vélo pour une journée: ~~4,57€~~ 0€

- La visite d'un 2ème musée: ~~3,05€~~ 1,52€
- La découverte de l'Horloge Astronomique: ~~0,76€~~ 0,38€
- Une promenade en mini-train, pour faire rapidement le tour des centres d'intérêt de la ville (d'avril à octobre): ~~4,42€~~ 2,21€
- Une visite guidée à pied, à travers les quartiers les plus pittoresques de la ville (demandez le programme): ~~5,79€~~ 2,90€

En vente à l'Office de Tourisme et auprès des hôteliers

Mentionné ou non? Écrivez *oui* ou *non*.

Exemple: **1** oui

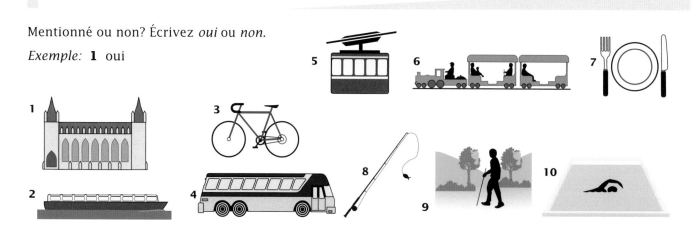

10 Qu'est-ce qu'il y a pour les touristes?

Composez un poster en français pour des touristes belges qui vont visiter votre ville. Mentionnez:

- les sites touristiques à visiter
- les transports – il y a une gare ou une gare routière?
- le shopping
- les excursions possibles.

11 Et vous? Vous êtes touriste en ville.

Ask the following questions.

- You want to find out how far it is to one of the following:

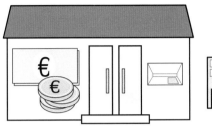  

- You want to find out how to get to one of the following:

 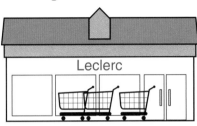 

- You want to buy one of the following:

- You want to know the opening hours of the following:

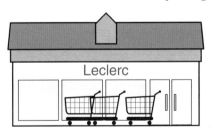 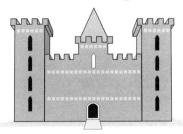 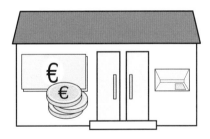

TIPS for Exercise 11

- It is very important to be able to ask as well as
  answer questions when you learn a foreign language.
  You might find it useful to revise question words and
  phrases before you attempt this task.
- Make sure you know the difference between:
  Est-ce qu'il y a . . . ?   Is there . . . ?
  Où est . . . ?   Where is . . . ?
  C'est à quelle distance, . . . ?   How far is . . . ?

**Worksheets 2 and 27 practise asking and
understanding questions.**

12 En vacances en France

Vous avez passé une journée en ville. Décrivez votre journée.

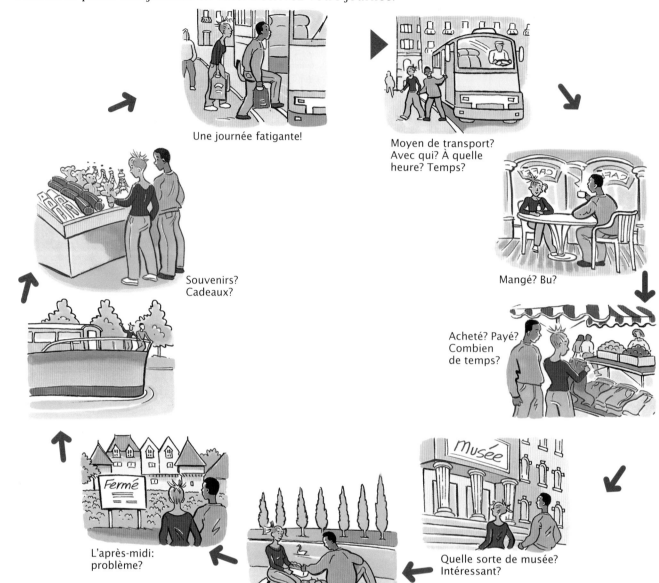

Une journée fatigante!

Moyen de transport?
Avec qui? À quelle
heure? Temps?

Souvenirs?
Cadeaux?

Mangé? Bu?

Acheté? Payé?
Combien
de temps?

L'après-midi:
problème?

Déjeuner?

Quelle sorte de musée?
Intéressant?

TIPS for Exercise 12

- Don't misread the instructions and think that you have to talk about a journey:
  remember that *journée* means 'day'!
- The instructions use the past tense so your account must be in the **past tense**.
  Add any other information you want in order to make your account interesting. Use
  lots of linking phrases in order to maintain the flow, e.g.
  Et après ça...
  Et puis...
  Quelques instants plus tard...
  Avant de partir...
  Après avoir mangé...

**Worksheet 9 gives you some reminders and practice of words that look like
one English word but have the meaning of another.**
**Worksheets 6 and 19 practise using past tenses and the expression après
avoir/après être with an infinitive.**

13 🎧 On pense aux vacances.

Après les examens, Paul et ses amis pensent à passer quelques jours au bord de la mer. Paul pose la question à ses amis: quelle sorte de logement préfères-tu?

1 Listen to the recording. Copy and complete the table.

Name	Accommodation	Reason
Example: Djamal	*Campsite*	*Likes freedom and open air*
Patrick		
Christine		
Louise		

2 Listen to the speakers again. Give one more detail for each of the four speakers.

TIP for Exercise 13

In the 'Reason' column you can put anything relevant but make sure you do not distort your answer by adding information which is not in the passage. If you do this you are more likely to reduce your score than increase it.

14 Le logement – pouvez-vous interpréter les symboles?

Dans la liste de logis et campings, il faut comprendre tous les symboles!
Écrivez la bonne lettre.

a   b   c   d   e   f   g   h   i   j   k

Exemple: **1 a**

1 chambre individuelle
2 chambre double
3 petit déjeuner
4 parking

5 garage privé
6 accès handicapé
7 piscine
8 location de vélos

15 Réservations: le camping, l'hôtel, l'auberge de jeunesse

Écoutez les phrases et choisissez la bonne lettre.

Exemple: **1 a**

TIP for Exercises 15 and 16

Before you attempt exercises 15 and 16 you might find it helpful to revise vocabulary associated with holiday accommodation.

Worksheet 38 practises the language you need for this topic.

1 a   b    c

2 a   b    c

3 a   b    c

4 a    b 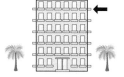   c

5 a   b    c

6 a 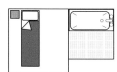   b 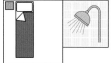   c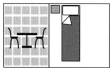

7 a    b    c

8 a    b   c

16 Vous voulez réserver une chambre.
Que dites-vous?

Exemple: **1**   Je voudrais une chambre pour deux personnes pour une nuit, s'il vous plaît.

17   Vous partez en vacances à l'étranger.

Qu'est-ce que vous avez dans votre sac?
Écrivez une liste (10 choses) en français.

Exemple: savon,...

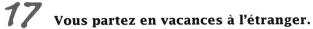              

TIPS for Exercise 17

- Make sure you write these words in **French** and not English or any other language! For example *passeport* will score but 'passport' probably won't.
- Remember that in French the words for shorts, trousers, jeans are all singular!

18   Au camping

Vous arrivez au camping. Que dites-vous?

Exemple: **1**   Avez-vous un emplacement pour une tente pour quatre nuits?

1    **2**    **3**

4 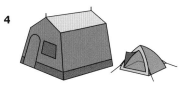   **5** 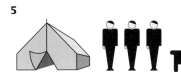   **6**

19   Paul, Djamal et Patrick arrivent au camping.

Quelle est la bonne image? Choisissez **a**, **b** ou **c**.

Exemple: **1 c**

1 POUBELLES
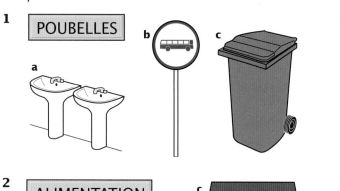

6 SALLE DE JEUX
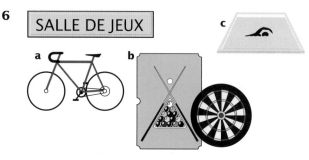

2 ALIMENTATION
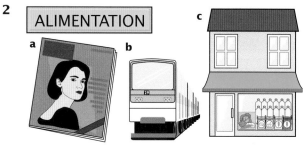

7 Jetons pour les douches
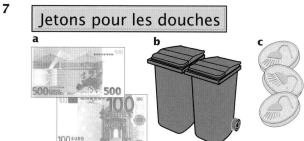

3 PISCINE CHAUFFÉE
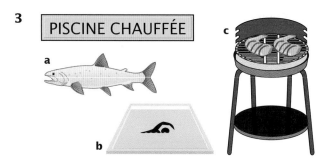

8 LAVABOS

4 DOUCHES CHAUDES
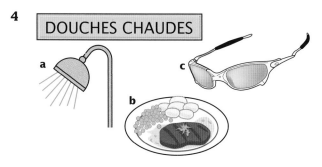

9 Camping éclairé la nuit
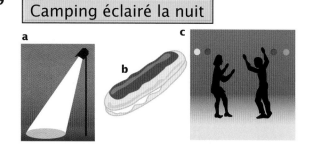

5 PLATS CUISINÉS
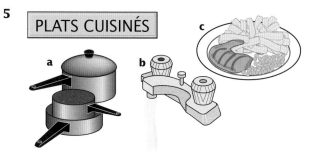

10 ACCÈS INTERDIT

20 Après les vacances

Après un séjour en France, vous découvrez que vous avez laissé quelque chose
au camping.
Écrivez une lettre au patron du camping. Répondez aux questions.

- Qu'est-ce que vous avez perdu?
- Vous l'avez perdu où?
- Quand est-ce que vous l'avez perdu?
- Donnez une description de l'article.
- Le patron du camping, qu'est-ce qu'il doit faire?

TIPS for Exercises 20 and 21

- Will you need *tu* or *vous* in your letter?
- Make sure you start and finish your letter in the
  appropriate way.
- Be sure not to miss out any of the pieces of
  information you are asked for.
- Be careful to use a suitable tense when talking about
  past events.

Worksheet 10 practises useful phrases for letters.
Worksheet 34 practises **il faut** *and* **devoir.**

21 Des vacances désastreuses

Vous avez passé des vacances désastreuses dans un hôtel en France.
Écrivez une lettre au patron de l'hôtel. Mentionnez:

- quand vous étiez là – les dates
- où vous étiez exactement
- les problèmes – détails
- ce que vous demandez du patron

22 Un voyage exotique
Sophie rêve de faire un voyage en Asie. Dans *Vacances et Voyages* elle trouve un article qui la fascine.

apprivoiser *to tame*
à l'écart de *away from*
majestueux *majestic*
parcourir *to cross*
vénérer *to worship*

Le Mékong

Si tu veux savoir où commence le Mékong, il te faudra marcher longemps sur le toit du monde, dans les hautes montagnes chinoises. C'est là, au cœur de l'Himalaya, que le fleuve prend sa source. Et si tu veux savoir où il finit, tu devras parcourir 4 200 kilomètres et traverser six pays: la Chine, le Myanmar (appelé autrefois la Birmanie), le Laos, la Thaïlande, le Cambodge et enfin le Viêtnam où il va se jeter dans la mer de Chine. D'abord sauvage et turbulent dans les étroites vallées laotiennes et thaïlandaises, le Mékong devient ensuite plus sage et plus majestueux dans la vaste plaine cambodgienne et vietnamienne. Là, il se laisse apprivoiser. Son delta, aussi grand que la France, se divise alors en plusieurs bras: voilà pourquoi on l'appelle le «Fleuve aux neuf dragons».

Des villages flottants

Les peuples d'Asie du Sud-Est, qui le vénèrent comme une divinité, l'ont également baptisé «la mère des eaux»: il est vrai que les ressources de ce fleuve géant font vivre 50 millions d'hommes sur ses rives! À la fois paysans et pêcheurs, les gens du fleuve, qui sont restés à l'écart du progrès et de la modernité, répètent depuis toujours les gestes de leurs ancêtres.

Lisez le passage. Choisissez les mots dans la case pour remplir les blancs.

Exemple: **1** fleuve

Le Mékong est un **1** _____ de 4 200 **2** _____ de long. Il se termine dans la **3** _____. Au **4** _____ et en **5** _____ le fleuve parcourt des étroites vallées. Au **6** _____ et au **7** _____ il traverse une vaste plaine. Le delta est aussi grand **8** _____ la France. Les peuples de la région ont donné un **9** _____ spécial à ce fleuve. 50 000 000 de personnes **10** _____ sur les rives du Mékong.

fleuve	mer de Chine	vallée	que	jamais	Cambodge	Laos
Thaïlande	habitent	Viêtnam	mètres	kilomètres	nom	peuple
		région	travaillent			

TIP for Exercise 22

Look carefully at the context from a grammatical point of view so that you narrow down the choice of words which are possible in each case.

23 🎧 Vous voulez voyager seul?
Voici quelques conseils.
Amélie a déja passé une année à voyager après avoir fini ses études. Elle donne des conseils.

Listen to Amélie's advice, and note down in English what she says on the following topics:

1 going out in the evening
2 drinks
3 dress
4 language
5 what to do if attacked
6 a tactic for dealing with children begging
7 drugs

TIP for Exercise 23

Don't muddle up *boisson* with *poisson* or *glaçon* with *glace* as you listen to the text.

24 Parlez des vacances.
Répondez à ces questions.

- Où êtes-vous allé(e) en vacances l'année dernière?
- Avec qui êtes-vous allé(e)?
- Où avez-vous logé? C'était comment?
- Combien de temps avez-vous passé là?
- Qu'est-ce que vous avez fait?
- Qu'est-ce que vous avez visité?
- Quel temps a-t-il fait?
- Est-ce que vous avez aimé ces vacances?
- Que pensez-vous de la région?
- Est-ce que vous voulez y retourner un jour?
- Quels sont vos projets pour les vacances de cet été?
- Quelles seraient vos vacances idéales?

TIPS for Exercise 24

- Note carefully the tense of the question and reply in the same tense.
- Make your answers as full as you can – you won't score many points for single-word answers!

Worksheet 20 practises talking about the future.
Worksheet 39 practises the conditional.

25   Voyages virtuels

**L'été, c'est fini, et le temps est affreux – il faut s'amuser à la maison!
Paul décide de surfer sur Internet, mais – comment trouver le site
qu'on veut?**

GUIDE DES SITES «SERVEZ-VOUS»

Section

- 1   Alimentation, shopping
- 2   Vente vins français
- 3   Apprendre des langues
- 4   Automobile
- 5   Banque
- 6   Déménagements
- 7   Emploi
- 8   Enseignement
- 9   Galeries d'art français
- 10 Internet–informatique
- 11 Librairies
- 12 Santé
- 13 Sport
- 14 Voyages

C'est quelle section?

Exemple: **1** section 3

1 Un ami veut faire un stage en espagnol avant de travailler en Espagne.
2 Paul s'intéresse au football. Il cherche des informations sur des équipes
européennes.
3 Il a besoin d'informations sur les établissements scolaires européens pour
un projet scolaire.
4 Une amie a l'intention de faire un tour d'Inde.
5 Un autre ami veut chercher du travail pour les vacances de Noël.
6 Paul pense qu'il serait bon d'avoir une voiture un jour, mais ça coûte
combien? Il veut trouver des détails.
7 Un ami s'inquiète: il a des symptômes mystérieux.
8 Paul voudrait acheter un livre sur l'histoire des États-Unis.

*TIP for
Exercise 25*

Don't think that section
11 is about libraries!

26 🎧 Vous vous servez beaucoup d'Internet?

Listen to the recording of four people talking about how they use the Internet.

Answer the questions, choosing **a**, **b** or **c**.

Example: **1 b**

André

1 a André uses the Internet to buy CDs and books.
 b He uses the Internet to download music and information about concerts.
 c He uses the Internet to find out what is on TV.

M. Vierny

2 a M. Vierny likes to read newspapers online.
 b He has bought books online.
 c He has bought newspapers online.

3 a He likes to read the newspaper while eating breakfast.
 b He likes to walk into town to buy a newspaper.
 c He reads the newspaper every day.

4 a He uses the Internet to look for financial information.
 b He uses the Internet to save having to buy newspapers.
 c He uses the Internet to find information about gardening.

Christine

5 a Christine recently spent a week in a *gîte*.
 b She is planning to visit Grenoble.
 c She recently went to Grenoble.

6 a She recently made a hotel reservation online.
 b She is planning a foreign holiday this year.
 c She recently bought a train ticket online.

TIPS for Exercise 26

- Read the questions carefully **before** you listen to the recording, so you pick up as much information as you can about the theme of the passage.
- Beware: some of the differences between the various options are not obvious – you will have to listen for detail, not just the general drift.
- Remember that in French, 'the Internet' is always just *Internet* – no *l'* is used.

ignorer *to be unaware of*
insupportable *unbearable*

27 🎧 'M' Magazine

Mme Boulanger écoute la radio. Elle entend une publicité pour une revue: 'M' Magazine.

Qu'est-ce qu'on trouve dans cette revue?
Écrivez les lettres qui correspondent aux **cinq** thèmes mentionnés dans le passage.

a la condition physique
b la radio
c le théâtre
d la télévision
e le sport
f la cuisine
g les animaux
h les finances
i les achats
j les relations homme–femme
k le vin

TIP for Exercise 27

This passage is quite fast. Don't listen for the exact words in the list – you won't hear them. You have to do a bit of thinking to work out which subjects are mentioned.

28 🎧 Une émission de télé

Chez elle, Anne-Laure regarde une émission de télévision sur les problèmes sociaux.

Écoutez l'émission. Mettez les phrases **a–h** dans l'ordre du texte.

Exemple: **1 f**

a Les enfants regardent trop la télévision.
b Beaucoup de personnes âgées habitent seules.
c Les enfants doivent préparer les repas quand les parents son absents.
d Les gens bien qualifiés peuvent trouver un emploi.
e On ne doit pas conduire quand on a bu.
f Le chômage est un grand problème.
g Les voisins n'ont pas su qu'une femme était morte.
h Beaucoup de gens boivent trop d'alcool.

29 Quels sont les problèmes de votre région?

Écrivez un article pour un magazine scolaire français.

Titre: *Les problèmes de ma ville/ma région*

Mentionnez, par exemple, les problèmes des jeunes gens ou des personnes âgées.

- Est-ce qu'il y a beaucoup de chômage, par exemple?
- L'alcool ou la drogue – ça pose un problème?
- Qu'est-ce qu'il faut faire?

TIPS for Exercise 29

- You might find it helpful to note down key words and ideas before you start to write your article, but . . .
- It is not a good idea to put down your ideas in detail in English and then simply try to translate them.

30 Une présentation

Faites des notes et parlez pendant une minute sur un de ces thèmes:

- Fumer – pourquoi ou pourquoi pas?
- Les problèmes des jeunes
- La famille idéale

TIPS for Exercise 30

- The important thing in a task such as this is to keep going! Remember that the people marking your speaking test want to hear your voice on the tape, not the voice of your teacher or examiner prompting you and asking lots of questions. If you talk and talk, so that your teacher has to interrupt you with another question, so much the better.
- It's really worthwhile recording yourself on tape and listening to it, to get used to the sound of your own voice in French well before the exam. This will make you less nervous in the test itself.

31   Un article dans le journal

Au Café Vierny à Vendôme, il n'y a pas beaucoup de clients.
M. Vierny lit le journal. Il lit l'article suivant, sur le crime dans
les trains.

Quand les voyous s'attaquent aux trains

Pendant les six premiers mois de l'année, les actes de violence contre les voyageurs ont augmenté de 33,6 %.

Après les trains parisiens, les trains de province sont devenus le terrain de jeu des bandes de jeunes qui cherchent des sensations fortes.

Dans les régions, les atteintes aux voyageurs ont augmenté de 33,6 % en un an, selon les derniers chiffres de la SNCF.
Les agressions contre les agents de la compagnie ont progressé de 24,6 %.

En région parisienne, la délinquance dans les trains a légèrement diminué.

Ces actes de violence se produisent essentiellement en été, en période d'affluence et à l'occasion de grands événements.

La Côte d'Azur, particulièrement favorisée par des vacanciers français et étrangers, est devenue la proie de bandes encore inorganisées mais qui pourraient devenir de véritables gangs du rail si les autorités n'adoptent pas des mesures sévères.

En Grande-Bretagne, la violence n'épargne pas non plus les employés des chemins de fer. En trois ans 1 000 épisodes violentes contre les contrôleurs et les guichetiers ont été signalés.

TIP for Exercise 31

This is quite a hard text but, although there will probably be several words in it that you have not come across before, you can work out their meaning from:

- related English words (*essentiellement, inorganisées, autorités, épisodes, violence, délinquance, agressions, augmenté*)
- other, easier, French words that you do know (*guichetiers – guichet*).

atteinte (f) *attack*
épargner *to spare*
période (f) d'affluence *busy period*
proie (f) *prey*
terrain (m) de jeu *playground*
voyou (m) *hooligan, thug*

Read the passage and answer the questions in English.

1 Why are young people carrying out attacks on trains?
2 By how much have attacks in the regions increased?
3 How does this compare with the situation in Paris?
4 When do most of the attacks take place?
5 Why should the authorities adopt severe measures on the Côte d'Azur?
6 Which two categories of employee have been the victims in Britain?

32   Un crime

Imaginez que vous êtes en vacances en France et que vous avez vu un crime. Vous écrivez une description pour la police (100–120 mots).
Commencez: «J'étais dans le café Mirabelle…»
Mentionnez:

- qui est arrivé
- l'apparence physique de cette personne/ces personnes
- la réaction des autres personnes
- ce que vous avez fait/vu.

TIP for Exercise 32

In order to vary your French, try to do the task without starting any sentences with *Je*. Instead start with phrases such as:
Quelques minutes plus tard…
Après ça…
Puis…
Sans hésiter…
À ma grande surprise, j'ai remarqué que…
Après avoir…

**Worksheet 14 practises useful adverbial phrases.
Worksheet 40 practises using pronouns in phrases such as 'I saw him', 'he took it'.**

33 Sur le site web du *Figaro*

André surfe sur Internet pour trouver des renseignements pour un projet scolaire sur le crime. Il regarde le site web du journal national *le Figaro* et il trouve l'article suivant.

La prison d'Avignon est hantée par des gros rats d'égout. Pour éviter que ces bêtes ne remontent dans les cellules par les toilettes, les prisonniers ont une technique bien rodée: ils obstruent les syphons avec des bouteilles en plastique renversées. «Sinon, c'est l'invasion, surtout en été», disent-ils.

Quand elle est arrivée au poste de directrice dans ce vieil établissement pénitentiaire, Véronique Boucard s'attendait au pire, mais elle a pris l'habitude de se faire raccompagner à sa voiture par un surveillant, au cas où elle croiserait l'horrible animal sur son passage.

Un soir, elle a eu quelques petits problèmes en démarrant son véhicule. Les fils électriques de sa voiture avaient été rongés par une bestiole qui avait faim. La dératisation, effectuée tous les trois mois, n'y fait rien. Les rongeurs reviennent. Ils habitent en colonie sous la prison, dans les égouts municipaux.

bestiole (f) *little creature*
bien rodé *well developed*
cellule (f) *cell*
croiser *to come across, bump into*
démarrer *to start off*
égout (m) *drain*
établissement (m) pénitentiaire *prison*
ronger *to gnaw*

Choisissez chaque fois les mots corrects.

Exemple: **1** rats

1 La prison était envahie par les **rats/fils**.
2 Les prisonniers ont bloqué les syphons avec des **chaussettes/bouteilles**.
3 Véronique Boucard est **la directrice de la prison/la femme d'un prisonnier**.
4 Après le travail un surveillant **l'accompagne à sa voiture/l'attaque**.
5 Elle a **déjà rencontré/peur de rencontrer** un rat.
6 Un jour un petit **animal/insecte** avait rongé les fils électriques de sa voiture.
7 Les bêtes **habitent/travaillent** sous la prison.

TIP for Exercise 33

If you wanted to use the following words in the examination would you be able to spell them correctly? If not, add them to your revision list!
bouteille
prisonnier
surveillant
accompagner
travaillent

34 Le sida

Djamal veut être médecin, et il lit chaque mois le magazine *Science et Vie*. Ce mois, il y a un article sur le sida.

autant *so much*
immunitaire *immune*
infléchir *to change, to divert*
privé de *deprived of*
se propager *to spread*
sida (m) *Aids*

Sida

L'épidémie flambe

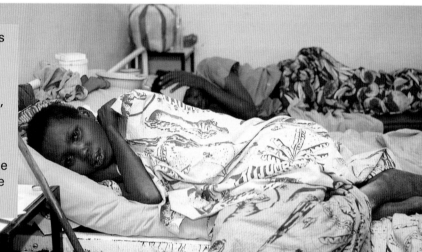

L'année dernière: 2,6 millions de personnes meurent du sida. Jamais cette maladie, qui s'attaque aux défenses immunitaires de l'organisme, n'avait autant tué. Mais tous les pays ne sont pas également touchés par le terrible virus. Le point sur une épidémie qui n'en finit pas de se propager.

640 personnes par heure
ont été infectées par le virus de l'immunodéficience humaine (VIH) responsable du sida l'année dernière.

Tristes records
L'arrivée, depuis quatre ans, de nouveaux traitements antiviraux dans les pays riches, n'a en rien infléchi la tendance globale. Logique, puisque 95 % des malades vivent dans les pays pauvres. Privés de soins, les malades sont donc souvent condamnés à court terme. Sombres perspectives... pour les millions de personnes (dont 570 000 enfants) qui ont été infectées récemment.

Lisez le passage. Faites correspondre les phrases.

Exemple: **1 d**

1 On parle...
2 Plus de 2,6 millions de personnes...
3 Quelques pays...
4 Il y a quatre ans...
5 Presque tous les malades...
6 Dans les pays les plus pauvres...

a ...sont plus affectés par le virus que d'autres.
b ...on a trouvé de nouvelles méthodes de cultiver des organismes.
c ...se trouvent dans les pays les plus pauvres.
d ...d'un problème international.
e ...sont morts à cause du sida l'année dernière.
f ...on a découvert de nouveaux traitements.
g ...on est privé de soins.
h ...des changements climatiques.
i ...sont maintenant plus larges.

TIPS for Exercise 34

- Look carefully at the grammar of these sentence 'halves'. You will find that only one or two matches are possible in each case, e.g. with question **1** only **d** and **h** are possible because of the grammar. The task is easier when you narrow it down like this.
- Two potentially confusing words to remember – *large* means 'broad', not 'large'; don't confuse *malade* ('ill person') with *maladie* ('illness').

35 Des animaux en voie de disparition
Patrick est fasciné par les animaux sauvages, surtout les espèces menacées de disparition. Il a trouvé un article au sujet des ours.

Cuisine et médecine font le malheur de l'ours dans le monde

Du commerce médicinal en Asie à la déforestation sauvage en Amérique latine, de nombreux facteurs menacent la survie de l'ours. Toutes les espèces ont vu leur population décliner. L'ours malais aurait quasiment disparu d'Inde, et le grizzly, du Mexique. Tous les ours, y compris le panda géant, sont sur la liste rouge. Un rapport de la très sérieuse World Wide Fund for Nature (WWF) a lancé ce week-end un cri d'alarme. Divers organes de l'animal sont utilisés en médecine traditionnelle chinoise, d'autres parties dans la cuisine, telles les pattes. Comme la population des ursidés se raréfie en Asie, les trafiquants se tournent vers le continent américain, où l'animal est menacé par la déforestation en Amérique du Sud. Seule espèce d'ours à être toujours répandue sur son territoire originel, l'ours blanc, qui a vu sa population doubler au-delà du cercle polaire; elle est à son tour menacée par la pollution chimique et l'impact des bouleversements climatiques.

bouleversement (m) *disturbance*
malais *Malaysian*
menacer *to threaten*
quasiment *practically, almost*
se raréfier *to become rare*
répandre *to spread*
trafiquant (m) *trader, dealer*

Read the passage and answer the questions in English.

1 Which animals are under threat?
2 What has happened to the grizzly bear in Mexico?
3 What are the animal's organs used for?
4 Which parts are used in cooking?
5 From what are the animals in South America under threat?
6 What has happened to the numbers of polar bears?
7 What poses a threat to polar bears?

TIPS for Exercise 35
- **Don't** feel you have to work through the questions in number order.
- **Do** read the text thoroughly so that you find all the relevant details.
- **Do** think 'the answer, the whole answer, and nothing but the answer'!

unité 6
On écoute
Foundation listening

LF1

Écoutez les conversations. Écrivez la bonne lettre.

Exemple: **1 a**

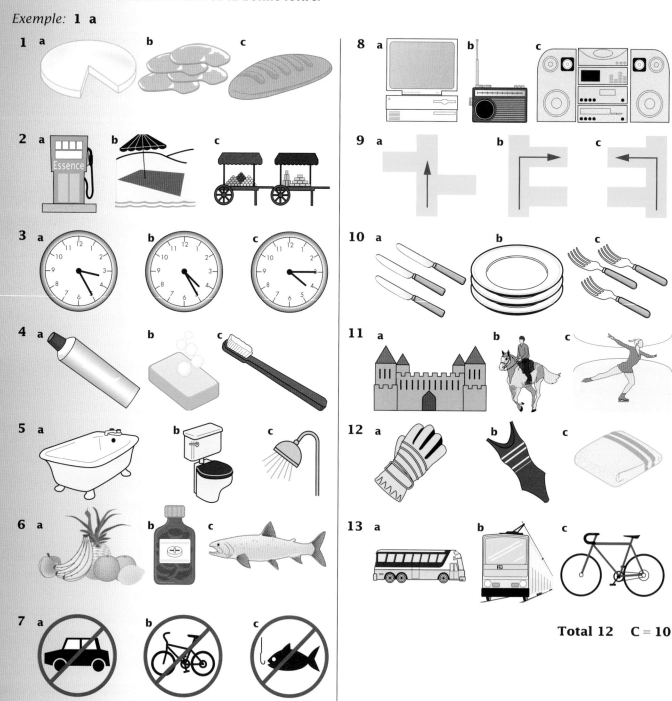

Total 12   C = 10

LF2 **Qu'est-ce que tu aimes porter?**

Écoutez les sept personnes qui parlent de vêtements.
Écrivez la bonne lettre pour chaque personne.

a
b
c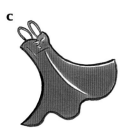
d
e
i

Exemple: **1 c**

f
g
h
j

1 Babette
2 Frédérique
3 Françoise
4 Éric
5 Arnaud
6 Christelle
7 Martin

Total 6   C = 5

LF3 **En ville**

Écoutez les conversations et regardez le plan. Pour chaque numéro (**1–6**),
écrivez la bonne lettre (**a–h**).

Exemple: **1 h**

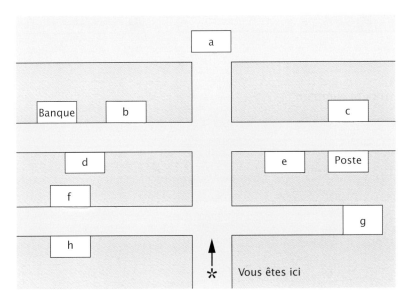

Total 5   C = 4

unité 6 On écoute

LF4 Les sports
Listen to the recording. Fill the gaps in English.

Example: **1** table-tennis

1 Marie-Lise likes _____ .
2 Jean-Paul does **not** enjoy _____ .
3 Occasionally Jérôme likes to go _____ .
4 Janine's favourite sport is _____ .
5 In winter she likes to go skiing in _____ .
6 Pierre likes to watch _____ .

Total 5   C = 4

LF5 Au Syndicat d'Initiative
Écoutez les conversations au Syndicat d'Initiative. Écrivez la bonne lettre.

Exemple: **1 c**

Total 8   C = 7

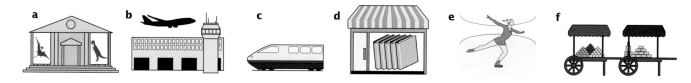

 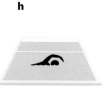 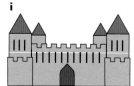  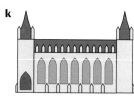

LF6 Qu'est-ce qu'ils aiment manger?
Écoutez les personnes qui parlent de ce qu'ils aiment manger.
Copiez et remplissez la grille en français.

Nom	Aime...	N'aime pas...
1 Valérie	*frites*	*salade*
2 Annie		
3 Jean-Luc		
4 Thierry		
5 Patricia		
6 Damien		

Exemple:

Total 10   C = 8

Intermediate listening

LI1 **Un message sur le répondeur**

Écoutez le message. Choisissez **a**, **b** ou **c** pour donner le sens du message.

Exemple: **1 c**

1 Il est de: **a** Reims;
               b Rémy;
               c Rouen.

2 C'est de la part de Monsieur: **a** Veagis;
                                    b Viegis;
                                    c Vergis.

3 Il a un rendez-vous pour samedi: **a** le 20 mars;
                                         b le 22 mars;
                                         c le 23 mars.

4 On va se rencontrer: **a** devant l'Hôtel de la Gare;
                           b devant l'hôtel de ville;
                           c pas loin de la ville.

5 Il va porter: **a** le pantalon d'un jeune homme;
                   b un pantalon et une chemise jaune;
                   c un pantalon jaune et une chemise rose.

6 Il va porter: **a** un petit sac en cuir;
                   b un grand sac à dos;
                   c des saucisses.

7 Son numéro de téléphone, c'est le: **a** 03 16 61 70 85;
                                            b 03 16 71 61 95;
                                            c 03 16 61 71 95.

Total 6   C = 4

LI2 **Ma chambre**

Écoutez Xavier et Caroline. Qu'est-ce qu'ils mentionnent? Cochez les bonnes cases dans la grille, comme dans l'exemple.

	1	2	3	4	5	6	7	8	9	10	11
Xavier								✓			
Caroline											
Pas mentionné											

Total 10   C = 7

LI3   Les vacances

Écoutez Marie-Lise qui parle de ses vacances. Quel temps a-t-il fait? Qu'est-ce qu'elle a fait? Écrivez les lettres et les numéros pour remplir la grille.

a   b   c   d   e   f

1 café
2 magasins
3 cyclisme
4 jeu de société
5 télévision
6 lecture
7 promenade à pied

	Jour	Temps	Activité
Exemple:	lundi	c	6
	mardi		
	mercredi		
	jeudi		
	vendredi		

Total 8   C = 6

LI4   At the dentist

Listen to Louise, Franck, Gilbert, Lisa, Alain and Dominique talking about the dentist. Answer the questions.

1 a Who had a filling at the age of ten?
   b Who thinks that if one avoids sugar it isn't necessary to visit a dentist?
   c Who was impressed by his dentist?
   d Who particularly hates injections?
   e Who says it's impossible to respond to her dentist's chatting with her mouth wide open?
   f Who believes it's important for the dentist to examine your teeth regularly?

   g Who had an accident three years ago?

2 Which speaker shows the most favourable attitude towards the dentist?

Total 7   C = 5

LI5 **Les leçons de conduite**

Écoutez Mélanie qui parle de ses leçons de conduite. Mettez les phrases dans l'ordre du passage.

1 Elle va régulièrement à l'auto-école.
2 Les freins et les vitesses ne posent aucun problème pour elle.
3 Il y a beaucoup de circulation aujourd'hui.
4 Elle a commencé à prendre les leçons de conduite au printemps.
5 Elle aimerait avoir un plus grand nombre d'yeux pour mieux conduire.
6 M. Passy est un bon professeur.
7 Elle espère un jour acheter une voiture.

Total 7   C = 5

LI6 **«Est-ce que tu regardes souvent la télé?»**

Écoutez la conversation et écrivez les noms.
Jérôme Sandrine Annie Martin Suzanne

Exemple: **1** Martin

Qui...

1 ...aime les émissions de science-fiction?
2 ...a passé une quinzaine en Angleterre?
3 ...aime regarder les documentaires?
4 ...ne s'intéresse pas à la politique?
5 ...aime regarder les feuilletons?
6 ...est passionné par le sport?
7 ...préfère les émissions sur les thèmes voyages dans l'espace ou fantaisie?
8 ...ne passe pas plus d'une heure par jour à regarder la télévision?
9 ...s'intéresse aux problèmes actuels?

Total 8   C = 6

Higher listening

LH1 **La vie hi-tech**

M. Merchet, homme d'affaires qui voyage partout dans le monde, explique comment il utilise les technologies d'information dans son travail.

Écoutez le passage. Complétez les phrases **1–6** en choisissant entre les phrases **a–j** pour donner le sens du passage.

Exemple: **1 h**

1 Les téléphones portables de M. Merchet...
2 Il passe seulement...
3 Sa secrétaire...
4 Il risque de s'énerver...
5 Son Psion 3...
6 Il a utilisé Internet...

a ...sert comme réveil.
b ...20% de son temps au bureau.
c ...pour acheter des livres.
d ...est difficile à comprendre.
e ...lui transfère les appels partout dans le monde.
f ...quand un avion arrive en retard.
g ...quand il est perdu pendant un voyage.
h ...ne fonctionnent pas au Japon ou en Corée.
i ...représente un grand progrès.
j ...pour trouver des informations sur les horaires des vols.

Total 5   A = 4

LH2 Une émission de télévision

Vous entendrez un extrait de l'émission «Science aujourd'hui».
Écoutez l'extrait. Remplissez les blancs en utilisant les mots dans la case.

1 Il est presque _____ d'ouvrir une moule sous l'eau.
2 Des _____ étudient les propriétés de la colle produite par les moules.
3 La _____ s'attache même aux températures les plus basses.
4 On pourrait utiliser la nouvelle colle pour _____ les bateaux.
5 La colle serait peut-être utilisée par des _____ .
6 Il serait nécessaire d'avoir des _____ de milliers de moules pour faire un tube de colle.
7 On espère _____ les mollusques.

colle (f) *glue, adhesive*
huître (f) *oyster*
moule (f) *mussel*
récolter *to harvest*

Total 7   A = 4

colle	facile	milliers	réparer	millions	dentiste	Américains
	ouvrir	impossible	cloner	dentistes	centaines	

LH3 Les plus grands problèmes du 21ème siècle

Young people talk about the problems they foresee in the next hundred years.
Listen to the conversation and answer the questions in English.

1 According to Didier, what will happen if governments do not find ways to combat pollution? [1]
2 According to Philippe, which parts of the world will be the worst affected by the greenhouse effect? [1]
3 Mention **two** things to which, according to Jacqueline, many people in the world do not have access. [2]
4 According to Aziz, what might happen in 50 years' time? [1]
5 Who does Céline think will find a solution to the gap between rich and poor? [1]

Total 6   A = 4

LH4 **Quel corps préféreriez-vous?**

modifier *to alter, modify*

Est-ce que vous voudriez modifier le corps humain? On a posé cette question à plusieurs gens.

1 Écoutez les opinions de cinq personnes: Mme Vigny, M. Martin, Alicia, M. Robert, Pierre.

Exemple: **a** M. Martin
Qui . . .

a . . . voudrait avoir des jambes plus longues?
b . . . n'aime pas se faire couper les cheveux?
c . . . a trois enfants?
d . . . aime regarder les matchs de football?
e . . . voudrait parler avec le dentiste?
f . . . trouve difficile de surveiller ses enfants pendant les voyages?
g . . . voudrait avoir des mains plus pratiques?

2 Regardez ces images. Cinq sont mentionnées dans le passage. Écrivez les bonnes lettres.

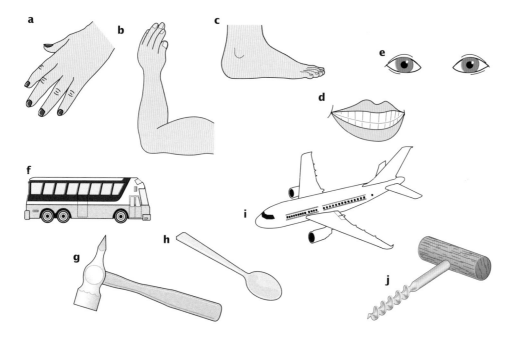

Total 11   A = 8

LH5 **Interview avec Josephine Gomez**

Listen to the interview. In the following statements choose **a**, **b**, or **c** to give the sense of the passage.

1 Josephine got married:
   a at Easter;
   b when she was young and naïve;
   c in a specially constructed room.

2 A friend advised her:
   a to take singing lessons;
   b to make sure her listeners felt the significance of every word;
   c to listen carefully to great singers.

3 According to Josephine you can write a good song:
   a whether you are angry, depressed or happy;
   b only when you are totally on your own;
   c only after several attempts.

4 Her latest release:
   a is dedicated to her dancing teacher;
   b is very different from her previous songs;
   c shows a mixture of different styles.

5 She is attracted to a man by:
   a his smell;
   b his teeth;
   c his intellect.

6 She prefers men who are:
   a not too muscular;
   b sensitive;
   c clean shaven.

7 Being labelled a sex symbol makes her:
   a embarrassed;
   b afraid;
   c pleased.

Total 7   A = 5

unité 7
On lit
Foundation reading

RF1 **On fait des voyages**
Choose the correct letter to match each sign.

Example: **1 b**

1 SALLE D'ATTENTE

    a tickets   **b** waiting room   **c** attendant

2 GUICHET

    a platform   **b** bus station   **c** ticket counter

3 VOL

    a flight   **b** route   **c** station

4 LIGNE

    a route   **b** timetable   **c** exit

5 RENSEIGNEMENTS

    a car hire   **b** information   **c** garage

6 HORAIRE

    a porter   **b** trolley   **c** timetable

7 TGV

    a helicopter   **b** high-speed train   **c** mountain bike

8 GARE MARITIME

    a ferry port   **b** harbour master's office   **c** crew accommodation

9 CEINTURE DE SÉCURITÉ

    a unleaded petrol   **b** first-class accommodation   **c** seat belt

10 SANS PLOMB

    a diesel   **b** oil   **c** unleaded petrol

11 STATIONNEMENT INTERDIT

    a no parking   **b** free parking   **c** no access to the station

Total 10   C = 8

RF2 **On fait du shopping**

a

b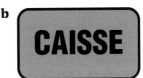

c

d

e

f

TOUT
POUR
LA
MAISON

g

h

i CABINES D'ESSAYAGE ➡

j

k CHARIOTS ICI

Which signs help with the following? Write down the appropriate letter.

Example: **1 i**

1 Your friend wants to try on a new pair of jeans before buying them.
2 You want to know where to return your supermarket trolley.
3 You need to buy a new pair of trousers.
4 You want to book a flight to Ireland.
5 You are looking for the stairs.
6 You want to find the basement.
7 You want to know where to pay.

Total 6   C = 5

RF3 Qu'est-ce qu'ils aiment faire?

Écrivez la bonne lettre.

Exemple: **1 c**

1

Mon passe-temps préféré, c'est la gymnastique. Je suis membre d'un club au centre-ville.

2

Moi, j'adore tous les sports d'hiver. Je vais chaque année aux Alpes.

3

J'adore l'équitation. Mon cheval s'appelle Tarzan. Il est adorable.

4

Je passe tous les soirs devant mon ordinateur. J'adore surfer sur Internet.

5

Moi, j'aime la lecture. J'aime les romans d'amour.

6

J'aime la musique. Je passe des heures à jouer de la batterie.

7

Je vais en ville avec mes copains. Nous aimons bavarder au café.

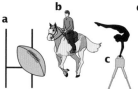

Total 6   C = 5

RF4 Les repas scolaires

Collège Marie Immaculée

Menu du 17 février au 24 février

lundi
Potage   Steak haché   Sélection de glaces

mardi
Crudités   Saucisses – purée de pommes de terre   Salade de fruits

mercredi
Salade de tomates   Omelette au beurre – haricots verts   Yaourt

jeudi
Quiche Lorraine   Poulet – frites   Fromages

vendredi
Carottes râpées   Poisson – pommes de terre vapeur   Pâtisserie

Write down the appropriate day in English.

Example: **1** Tuesday

1 On which day is mashed potato served?
2 When will the pupils eat mince?
3 When is soup served as a starter?
4 On which day is the food vegetarian?
5 On which day are no vegetables mentioned?
6 When will the pupils get a cake for dessert?

Total 5   C = 4

RF5 Un nouveau correspondant

Qui veut correspondre avec moi?

J'ai seize ans. J'habite à Courrières dans le nord de la France, pas loin de Lille.

J'ai un frère et une sœur. Je m'entends bien avec mon frère (il a dix-huit ans) mais ma sœur m'énerve.

J'aime regarder la télévision, surtout les émissions de science-fiction, mais le sport – c'est ennuyeux. J'aime mon ordinateur. J'adore trouver les sites web intéressants.

Je n'aime pas tellement l'école. Mon prof d'anglais est vraiment bizarre. Il parle tout le temps en anglais et on ne comprend rien! J'aime mon prof de maths. Elle est assez jeune et elle fait des plaisanteries.

J'ai une assez grande collection de CDs, surtout de Garage et R+B.

J'attends avec impatience de tes nouvelles. Écris-moi bientôt.

Bernard

Answer the questions **in English**.

1 What is Bernard's relationship with his sister like? [1]
2 What does he **not** enjoy on the television? [1]
3 How do we know he likes the Internet? [1]
4 What problem does he have in English lessons? [2]
5 Why does he like his Maths teacher? [2]
6 How do we know he likes music? [1]
7 At the end of his message, what does he ask his readers to do? [1]

Total 9 C = 7

Intermediate reading

RI1 Le parc de l'âne

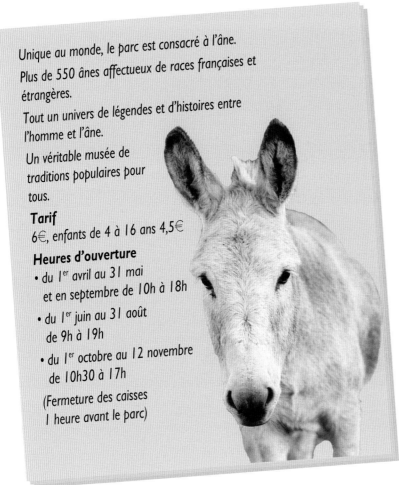

Unique au monde, le parc est consacré à l'âne.
Plus de 550 ânes affectueux de races françaises et
étrangères.

Tout un univers de légendes et d'histoires entre
l'homme et l'âne.

Un véritable musée de
traditions populaires pour
tous.

Tarif
6€, enfants de 4 à 16 ans 4,5€

Heures d'ouverture
• du 1er avril au 31 mai
et en septembre de 10h à 18h

• du 1er juin au 31 août
de 9h à 19h

• du 1er octobre au 12 novembre
de 10h30 à 17h

(Fermeture des caisses
1 heure avant le parc)

Répondez en français.

1 On parle de quel animal?
2 Un enfant de 12 ans paie combien?
3 Ce parc ferme à quelle heure en été?
4 Au mois d'octobre, les caisses ferment à quelle heure?

Total 4   C = 3

R12   Musée des abeilles

RN 10 41310 Villechauve
Tél: 02 54 80 33 39

Découvrez le monde fascinant des abeilles, guidé par les experts. Ouvert de Pâques à Toussaint les samedis et dimanches après-midi. Présentation à 15h et 17h.
Tarif: Adultes 3,75€;
Enfants 12+ ans 3€;
Enfants 5–12 ans 2,25€.

Choisissez le bon mot. Écrivez **a**, **b** ou **c**.

1 On parle de quel insecte?

a    b    c

2 Il y a combien de présentations par jour?
   a 2   **b** 3   **c** 4

3 Combien paie un enfant de dix ans?
   a 0,75€   **b** 2,25€   **c** 3€

Total 3   C = 2

RI3 **Une télécopie**

Hostellerie de la Rivière

17 rue de la Gare
62360 Pont-de-Briques
Tél: 03 21 26 76 45   Fax: 03 21 57 35 49
RESTAURANT GASTRONOMIQUE
Fermeture hebdomadaire: dimanche soir et lundi

TÉLÉCOPIE

Date: le 27 mai
Dest: M. Potts
Exp: Mme Martin

Monsieur,

J'ai bien reçu votre fax confirmant votre chambre pour le samedi 28 mai.

Je vois que vous pensez arriver entre 21^H et 22^H le soir. Je vous rappelle qu'à l'Hostellerie, nous n'avons que 8 chambres, et les repas sont donc à prendre obligatoirement le soir dans notre restaurant (repas servis jusqu'à 21^{H}15 environ). Je vous prie de confirmer que cela est bien compris.

Sincères salutations,

S Martin

+33 3 21 57 35 49   P.01

A friend has received a fax message from France and has asked you to help him understand it. Fill the gaps in English.

1 Madame Martin has reserved _____ for Mr Potts for 28 May.   [1]
2 Mr Potts has said he will _____ between 9 and 10pm.   [1]
3 It is compulsory for guests to _____ .   [2]
4 Mr Potts is asked to _____ .   [2]
5 Mr Potts tells you that he might stay for an extra night – but he can't stay over on 29 May because _____ .   [2]

Total 8   C = 6

RI4 **Une offre spéciale**

Read the leaflet and answer the questions in English.

VOS PHOTOS LIVRÉES À DOMICILE

COLLECTIONNEZ LES FIGURINES LOONEY TUNES

Bénéficiez de -25%

Vos photos en double

1 nouveau film couleur

1 album photos gratuit

1 figurine Looney Tunes en cadeau

N'envoyez pas d'argent maintenant

Pour recevoir votre commande:

● Complétez le bon de commande ci-dessous.

● Complétez lisiblement le «coupon adresse».

● Glissez votre (vos) film(s) dans l'enveloppe.

● Fermez bien l'enveloppe avec le rabat autocollant et postez – sans timbres.

● N'envoyez pas d'argent.

● Vous recevrez vos photos directement chez vous avec une facture détaillée.

Votre film	Le lot	-25%	Prix d'essai	Nombre
12/15 poses	9,9€		8,75€	
24/27 poses	14,9€		11€	
36/40 poses	19,9€		14,5€	
Film APS par film			+3€	

facture (f) *bill, invoice*
pose (m) *picture, exposure*

1 How much will it cost to develop a film with 26 exposures? [1]
2 When do you pay? [1]
3 How much more must you pay in order to receive two copies of each picture? [1]
4 What will you receive apart from your pictures and a small toy? [2]
5 What must you do with your film in order to qualify for the special offer? [2]

Total 7 C = 5

RI5 Europe: les jours fériés principaux

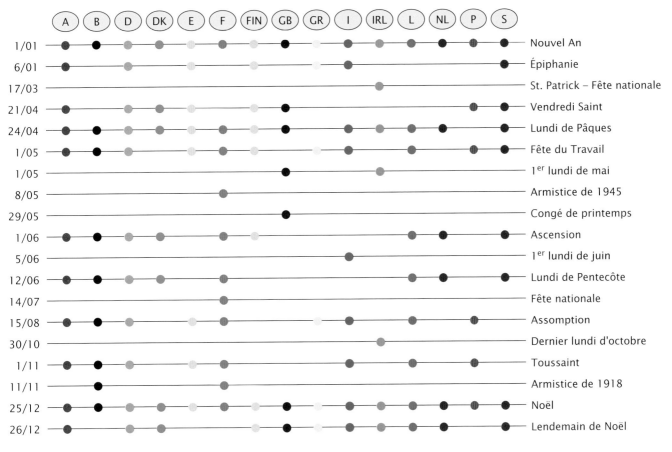

	A	B	D	DK	E	F	FIN	GB	GR	I	IRL	L	NL	P	S	
1/01	●	●	●	●	●	●	●	●		●	●	●	●	●	●	Nouvel An
6/01	●		●		●		●		●	●					●	Épiphanie
17/03											●					St. Patrick – Fête nationale
21/04	●		●	●	●	●		●					●	●	Vendredi Saint
24/04	●	●	●	●	●	●	●	●		●	●	●	●		●	Lundi de Pâques
1/05	●	●	●	●	●	●	●		●	●		●	●	●	●	Fête du Travail
1/05								●		●						1er lundi de mai
8/05						●										Armistice de 1945
29/05								●								Congé de printemps
1/06	●	●	●	●	●	●	●					●	●	●	Ascension
5/06							●									1er lundi de juin
12/06	●	●	●	●	●	●				●		●	●	●	Lundi de Pentecôte
14/07						●										Fête nationale
15/08	●	●	●	●	●		●		●		●	●		Assomption
30/10										●						Dernier lundi d'octobre
1/11	●	●	●	●	●	●			●		●	●	●	Toussaint
11/11		●				●										Armistice de 1918
25/12	●	●	●	●	●	●	●	●	●	●	●	●	●	●	●	Noël
26/12	●		●	●		●	●	●		●	●	●	●	●	Lendemain de Noël

A = Autriche		I = Italie	
B = Belgique		IRL = Irlande	
DK = Danemark		L = Luxembourg	
E = Espagne		NL = Pays-Bas	
F = France		P = Portugal	
FIN = Finlande		S = Suède	
GB = Grande-Bretagne			
GR = Grèce			

Lisez les neuf phrases. Quelles sont les **cinq** vraies phrases, selon la table?

1 On fête le premier jour de l'an dans tous les pays d'Europe.
2 On fête le jour de St. Patrick uniquement en Irlande.
3 Les pays d'Europe ne fêtent plus le Vendredi Saint.
4 Le Vendredi Saint, c'est le dernier vendredi avant la fête de Noël.
5 Tous les pays sauf le Danemark et les Pays-Bas fêtent le premier mai.
6 En France on fête la fin de la deuxième guerre mondiale.
7 En Grande-Bretagne et en Irlande on ne fête pas le lundi de Pentecôte.
8 Tous les pays du sud de l'Europe fêtent le 14 juillet.
9 Tous les pays d'Europe fêtent le lendemain de Noël.

Total 5   C = 3

Higher reading

RH1 **Les vacances en août? Non, merci!**

Mlle Lambert travaille dans un bureau. D'habitude elle ne prend pas ses vacances pendant le mois d'août. Pourquoi pas? Elle donne ses raisons.

Cinq bonnes raisons de rester au bureau l'été

■ Faire ce qu'on n'a jamais le temps de faire: organiser ses dossiers, archiver, lancer des études, établir des bilans, relancer ses contacts ...

■ Profiter d'une pression relâchée: travailler à un rythme plus humain, déjeuner avec ses collègues en terrasse, aller à la piscine en fin d'après-midi.

■ Saisir les opportunités: on peut réussir des affaires en se montrant disponible quand la concurrence est aux abonnés absents.

■ Préparer sereinement la rentrée et la fin de l'année: revoir ses objectifs, lancer de nouveaux projets, préparer sa stratégie de rentrée avant les autres.

■ Partir en vacances hors saison: mettre les voiles quand les autres reprennent le collier, profiter de tarifs de 20 à 50% moins chers sur les billets d'avion et les séjours, privilège de l'«été indien».

Which **four** statements correspond to the sense of the passage? Note down the numbers.
According to the passage, a person who stays in the office during the summer can...

1 ...work at a slower pace than usual.
2 ...eat meals in the open air.
3 ...impress customers.
4 ...go swimming between meetings.
5 ...buy air tickets on the Internet.
6 ...go swimming before arriving at work.
7 ...have a rest at the office.
8 ...book a holiday in India later in the year.
9 ...go on holiday during the low season.
10 ...visit old friends.

Total 4   A = 3

RH2 Mon petit quart d'heure de célébrité

MON PETIT QUART D'HEURE DE CÉLÉBRITÉ

On m'a volée de l'hôpital où j'étais née. C'était en 1982, toute la presse en a parlé, on m'a retrouvée après huit jours, saine et sauve, chez une femme. Un de ses voisins l'avait dénoncée. Elle a fait un peu de prison, et il y a trois ans, j'ai retrouvé sa trace, j'ai été la voir. On a discuté, j'avais l'impression de retrouver une vieille tante. ■ VANESSA, 20 ANS

Un matin, je suis parti en randonnée dans le massif de la Vanoise. Et je me suis perdu. Trois cents gendarmes se sont lancés à ma recherche, avec des hélicoptères, des chiens... Ils m'ont retrouvé après quatre jours, dans un état lamentable. ■ FRANCK, 28 ANS

J'avais une dizaine d'années et j'allais régulièrement voler au supermarché. Un jour, une petite vieille m'a vu à l'œuvre et elle m'a aussitôt balancé. Elle hurlait, la vache!, elle hurlait que j'avais mis un saucisson dans mon slip! Tout le magasin s'était aussitôt rassemblé autour de nous, des dizaines et des dizaines de personnes. L'horreur! Alors, devant tout le monde, j'ai ressorti le saucisson, et aussi les deux tablettes de chocolat que j'avais également piquées... ■ FRÉDÉRIC, 27 ANS

J'ai participé à «Une famille en or» à la télé, je pensais que personne ne le verrait et que mes copains ne regardaient pas ce genre de jeu crétin. Mais... tout le monde était au courant! J'ai même une copine qui a enregistré l'émission! Elle a extrait une image où on me voit en gros plan, complètement hystérique à côté de l'animateur, elle l'a fait imprimer sur un T-shirt qu'elle m'a offert pour mon anniversaire... ■ ANNE-SOPHIE, 22 ANS

Lisez le passage et écrivez le bon nom – Vanessa, Franck, Frédéric ou Anne-Sophie.

Exemple: **1** Frédéric

Qui...

1 ...avait caché du chocolat sous ses vêtements?
2 ...avait volé quelque chose?
3 ...a paru dans une émission de télévision?
4 ...a rendu visite à une femme criminelle?
5 ...s'est égaré à la campagne?
6 ...était séparée de sa mère pendant une semaine?
7 ...était recherché par la police?
8 ...avait une copine qui s'est moquée d'elle?
9 ...a reçu un T-shirt comme cadeau d'anniversaire?

Total 8   A = 5

RH3   «Sésame, ouvre-toi»

sur votre bonne mine *just by showing your face*

L'identification du visage, nouveau «Sésame, ouvre-toi»

Jetez vos badges dans la poubelle, bientôt vous pourrez entrer dans les zones contrôlées de votre entreprise sur votre bonne mine. Les moyens traditionnels de contrôle (cartes d'accès, codes) peuvent être copiés. Les méthodes d'identification par l'empreinte digitale ou l'iris sont sûres mais trop lentes. L'avenir, c'est donc l'identification du visage à distance. Le projet Waby met au point un système biométrique basé sur la reconnaissance des traits du visage. Le principe: une carte qui fonctionne à 1 mètre de distance, permet de déverrouiller les systèmes de sécurité lorsque les personnes autorisées s'en approchent. Elle est couplée à une caméra vidéo qui compare les caractéristiques du visage à une image déjà enregistrée. Le niveau d'erreur est inférieur à 1 %.

Read the following statements. Are they true, false or not mentioned in the passage? For each question, write down **T**, **F** or **NM**.

1 One advantage of some older methods of identification was their reliability.
2 The latest method involves the recognition of fingerprints.
3 The latest method means that individuals can be recognised before they even reach the locked door.
4 The failure rate of the new method is 1%.
5 Use of cards and codes is too expensive.
6 One problem with badges was that they were often lost.
7 The failure rate of the new system is less than 1%.
8 With the new system the user's face is compared with a pre-recorded image.
9 Readers are encouraged to throw away their badges.
10 In many places security cameras have prevented unauthorised entry.

Total 10   A = 7

RH4 **L'alcool: ne crois pas ça!**

vaisseau (m) *blood vessel*
rein (m) *kidney*

✦ **L'alcool te réchauffe.**
C'est faux! L'alcool abaisse la température du corps: 0,5 degrés pour 50 grammes d'alcool. L'alcool donne une impression de chaleur en dilatant les vaisseaux sous la peau.

✦ **Tu reprends tes forces.**
C'est faux! L'alcool «coupe les jambes». Les calories ne sont pas utilisées pour l'effort physique.

✦ **Tu n'as plus soif.**
C'est faux! L'alcool déshydrate car il faut uriner davantage.

✦ **Boire de l'eau en mangeant fait grossir.**
C'est faux! L'eau n'apporte aucune calorie. Elle favorise le fonctionnement naturel du rein. C'est la seule boisson indispensable avant, pendant et après le repas.

Mais l'alcool fait grossir. Quelle que soit sa concentration dans les boissons, l'alcool apporte 7 calories/gramme qui favorisent le stockage des graisses et font donc grossir. À toi de choisir!

Liez les phrases pour donner le sens du passage.

Exemple: **1 e**

1 La température du corps...
2 L'alcool...
3 L'eau...
4 Une personne...
5 Ça ne sert à rien...

a ...ne peut pas se réchauffer en buvant de l'alcool.
b ...purifie le sang dans les vaisseaux sous la peau.
c ...donne l'impression qu'on devient de plus en plus fort.
d ...a la plus grande concentration de calories.
e ...s'abaisse quand on boit l'alcool.
f ...de faire des efforts physiques.
g ...de boire l'alcool si on a soif.
h ...aide le fonctionnement du cœur.
i ...ne fait pas grossir.

Total 4   A = 3

RH5 **Spider-Man – l'homme Post-it**

colle (f) *glue*
couche (f) *layer*
se débarrasser de *to get rid of*
écaille (f) *chip (of paint)*
escaladeur (m) *rock climber*
récolter *gather*

Spider-Man, l'homme Post-it®

Il passe la plupart de son temps sur les murs des immeubles. Il se colle, se décolle, se colle, se décolle… Un vrai Post-it® humain.

• Imaginons que Spider-Man ait une masse de 80 kg et que la colle sur ses doigts lui permette d'accomplir ses exploits d'escaladeur sans prise.

• Une grosse main d'homme fait environ 200 cm² de surface. Les pieds occupent la moitié de cette surface, 100 cm² (ils ne sont pas aussi bien posés à plat que les mains).

• Or, quand il se déplace sur un mur, Spider-Man a forcément toujours une main ou un pied en l'air pour chercher un nouveau point de contact. Donc, au mieux, il a trois points d'appui.

Une vraie poubelle sous les doigts

Supposons que ses deux pieds et une de ses mains touchent le mur. La surface en contact: $100\,cm^2 \times 2 + 200\,cm^2 = 400\,cm^2$.

• Imaginons maintenant que notre homme a de la colle à Post-it® sur les mains et les pieds.

• Cette colle est sensible à la pression (plus on appuie fort, plus elle adhère).

• Mais pensez-vous une seconde que 400 cm² encollés (même pas la surface d'une feuille A4)

peuvent maintenir en l'air 80 kg de Super-héros? Non. Ce type de colle ne convient pas.

• Une autre? Le problème des colles plus fortes, c'est qu'elles collent trop: Spider-Man y laisserait sa peau ou ne pourrait pas se décoller!

Notre héros récolterait sous ses pieds et sous ses mains des tas de poils, cheveux, poussières, bouts de papier, de bois, de tissus, mégots de cigarettes, écailles de peinture, etc. Rapidement, il y aurait entre lui et les murs une couche de matériaux qu'on trouve d'ordinaire dans le sac d'un aspirateur! Afin de s'en débarrasser, il devrait se laver les mains toutes les cinq minutes et repasser une petite couche de colle pour adhérer à nouveau. Superhéros, quel boulot!

Read the following statements and in each case choose **a**, **b**, or **c** to give the sense of the passage.

Example: **1 b**

1 Spider-Man spends: **a** all; **b** most; **c** none   of his time stuck to walls.
2 Readers are asked to imagine that Spider-Man:
   a has a mass of 80kg; **b** requires 80g of glue; **c** has 8g of glue on his fingers.
3 Spider-Man usually has:
   a both hands on the wall; **b** two hands in the air; **c** one hand or one foot in the air.
4 The area of contact between Spider-Man and the wall is usually:
   a equal to that of a sheet of A4 paper; **b** more than that of a sheet of A4 paper; **c** less than that of a sheet of A4 paper.
5 The type of glue needed to keep Spider-Man in the air:
   a does not exist; **b** is made by the firm which makes *Post-it* notes; **c** is used in the manufacture of chairs.
6 Cigarette butts are mentioned because:
   a Spider-Man is against smoking; **b** they would stick to him; **c** he removes them with a vacuum cleaner.
7 Spider-Man would have to:
   a take a shower every five minutes; **b** wash his hands and apply a new coat of glue every five minutes; **c** put glue on the walls instead of on himself.

Total 6   **A = 4**

unité 8
On parle
Foundation speaking: role-plays

TIP In all these practice role-plays, your conversation partner speaks first.

RPF1 À l'hôtel

You want to book accommodation at a French hotel.
Say how many people are in your party, what type of room you want, and for how many nights you want to stay.
Make sure you begin and end the conversation politely.

1 Say you want a room for: 3

2   4

RPF2 Au marché

At a market you want to buy **one** of the items shown below.
Ask for the item. State the quantity you want. Ask the cost.
Remember to begin and end the conversation politely.

1 Ask for one item:

2 Say the quantity you want: 500g 1kg 2kg

3  ?

4

RPF3 **Au café**

At a café in France you want to buy something to eat and drink.
Ask for **one** thing to eat and **one** thing to drink. Ask the price.
Remember to begin and end the conversation politely.

1 Ask for one item: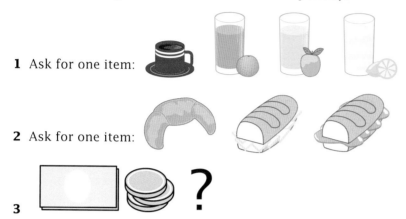

2 Ask for one item:

3

4

RPF4 **En ville**

Ask for directions to **one** of the places shown below.
Ask how far it is. Ask if there is a car park nearby.
Remember to begin and end the conversation politely.

1 Ask for directions to:

2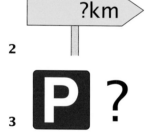

3 P ?

4

RPF5 À la gare

At a French railway station, you want to buy a ticket to **Calais**.
Ask for the type of ticket you want. Say for how many people. Ask what time
the train leaves.
Remember to begin and end the conversation politely.

1 Say what type of ticket you want and where you want to go to:

2

3

4

RPF6 Au camping

You arrive at a French campsite and want to stay there.

1 Ask if they have space for a tent.
2 Say for how many nights.
3 Say how many people are in your party.
4 Thank the person and ask if they have a swimming pool.
5 Ask whether the shop is open.

RPF7 **Au Syndicat d'Initiative**
You want information from a tourist office in France.

1 Ask what there is to see in the town.
2 Ask if they have a brochure.
3 Say you like cycling.
4 Ask where you can hire a bicycle.
5 Ask if it is far.

RPF8 **À la pharmacie**
You need to buy something for a sore throat at a chemist's shop in France.

1 Say you have a sore throat.
2 Say on which day it started.
3 Ask the price.
4 Say you need some sun cream too.
5 Say you want the large tube.

RPF9 **On sort ensemble**
A French friend invites you to the cinema.

1 Say you would like to go to the cinema.
2 Ask what film is on.
3 Ask when it starts.
4 Suggest you meet at the bus stop.
5 Ask how much it costs.

Intermediate speaking: role-plays

TIP: Dealing with the unexpected

One thing you may meet in role-play tasks is the situation where you have to make up your own answer to a question, without being prompted about what you should say. When this happens it will either say 'Answer the question' or there may be a large exclamation mark: **!** Here is a chance to practise coping with these situations. In the following exercise, make each statement as instructed, then listen to the response and make an appropriate reply.

1 In a restaurant: ask for fish with carrots and potatoes.
2 At a campsite: ask if they have room for a tent.
3 In town: ask for directions to the market.
4 At a restaurant: say you have a reservation and give your name.
5 At a police station: say you want to report the loss of a purse.
6 On the street: ask for directions to the football stadium.
7 In town: say you are looking for the 'Café Gilles'.
8 In a family: ask what is for dinner.
9 At the railway station: ask the time of the next train to Dinard.
10 At the butcher's: ask for 500g of pork.
11 At the chemist's: ask for a small tube of antiseptic cream.
12 At the greengrocer's: ask for a kilo of grapes.

RP1 Au restaurant

You are in a restaurant in France and want to order a meal.

1 Ask for a table for three.
2 Say you would like the set meal for 14 euros.
3 Answer the question.
4 Answer the question.
5 Say you would like a bottle of mineral water.

RP12 **Au travail**

While doing work experience in France, you are talking to another young person.

1 Say how long you are staying.
2 Say you hope to go to university.
3 Answer the question.
4 Answer the question.
5 Accept the offer. Indicate that you are pleased.

RP13 **Au bureau des objets trouvés**

You have called at the lost property office in a French town to report the loss of a bag, wallet or purse containing valuables.

1 Say what your problem is and what you have lost.
2 Describe it.
3 Answer the question.
4 Answer the question.
5 Give your telephone number.

RP14 **En famille**

You are a guest in a French family.

1 Ask if you may have a glass of water.
2 Ask if you may turn the television on.
3 Answer the question.
4 Answer the question.
5 Say what time you normally go to bed.

Higher speaking: role-plays

RPH1 **Au magasin**

You bought an item from a gift shop in France and have returned to the shop because there is a problem with the item. Prepare to give the two pieces of information mentioned, and answer any other questions.

- Votre achat
- Détails du problème

RPH2 **Une visite touristique**

You are talking to a French friend about a recent trip you made to a tourist attraction.

- Où et quand?
- Deux détails de ce site touristique.
- !
- Cher/pas cher?

RPH3 **Au Restaurant Jacques**

Restaurant Jacques

Cuisine traditionelle
Ouvert tous les jours
Spécialité fruits de mer

Réservation recommandée
Tél: 03 42 45 36 73

You arrive with a friend at a restaurant in France where you have previously made a reservation for the two of you. Prepare to give the items of information mentioned and to answer any other questions.

- Réservation – détails.
- Pour manger et pour boire?
- Problème – détails.

RPH4 **Un accident**

You are talking to a French friend's father about an accident you saw.

- Où et qui?
- Deux détails de cet accident.
- !
- Qu'est-ce que vous avez fait?

NH1   Un stage au supermarché

Vous avez fait un stage dans un supermarché. Racontez les détails de la première journée.

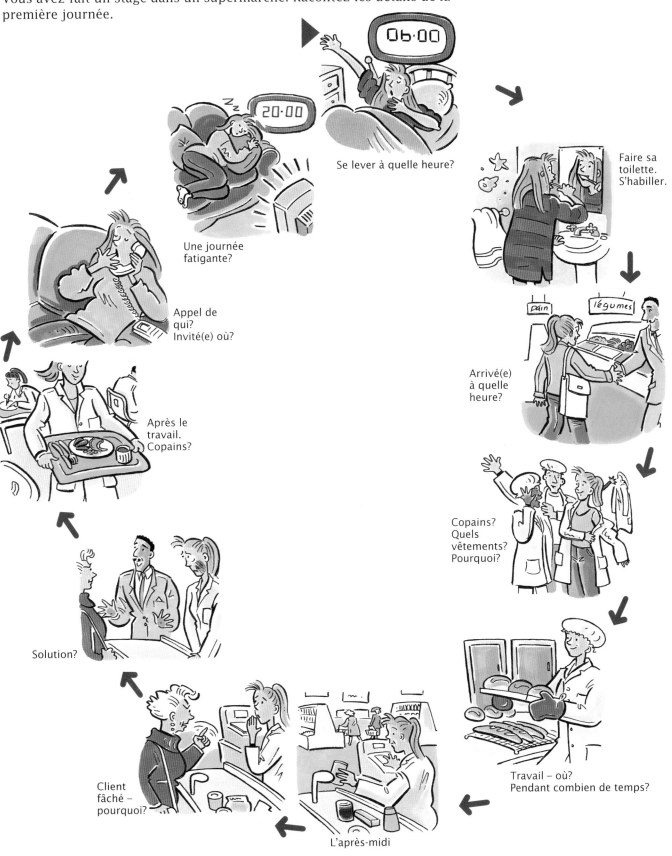

Se lever à quelle heure?

Faire sa toilette. S'habiller.

Une journée fatigante?

Appel de qui? Invité(e) où?

Arrivé(e) à quelle heure?

Après le travail. Copains?

Copains? Quels vêtements? Pourquoi?

Solution?

Travail – où? Pendant combien de temps?

Client fâché – pourquoi?

L'après-midi

NH2　Une journée dans une école française

Vous avez passé une journée dans une école française. Racontez les détails.

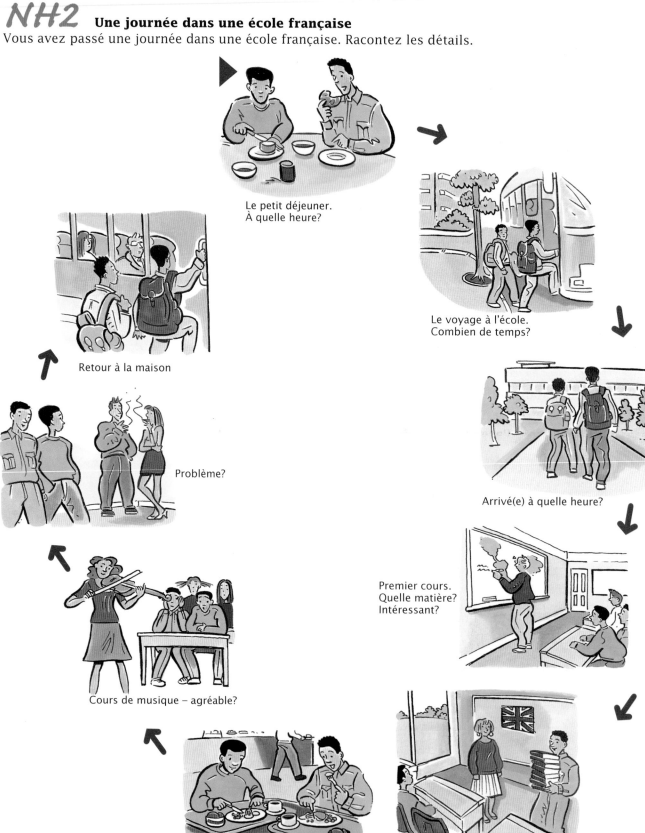

Le petit déjeuner.
À quelle heure?

Le voyage à l'école.
Combien de temps?

Retour à la maison

Arrivé(e) à quelle heure?

Problème?

Premier cours.
Quelle matière?
Intéressant?

Cours de musique – agréable?

Vous avez aidé?

Déjeuner – quoi?

Foundation speaking: conversation

Répondez aux questions.

À la maison 1
1 Est-ce que vous habitez une maison ou un appartement?
2 Combien de pièces avez-vous?
3 Où est le jardin chez vous?
4 Quelles pièces avez-vous au rez-de-chaussée?
5 Et au premier étage?

À la maison 2
1 Est-ce que vous avez votre propre chambre?
2 Vous vous couchez à quelle heure généralement?
3 À quelle heure est-ce que vous vous levez en général?
4 Que faites-vous dans la salle de bains?
5 Où est-ce que vous faites vos devoirs?

Les repas
1 Qu'est-ce que vous mangez au petit déjeuner?
2 Décrivez un déjeuner typique.
3 Que mangez-vous le soir?
4 À quelle heure mangez-vous le soir?
5 Le matin, vous quittez la maison à quelle heure?
6 Qu'est-ce que vous aimez manger et boire?
7 Et qu'est-ce que vous n'aimez pas manger?
8 Parlez-moi d'une visite à un restaurant.

Le travail à la maison, l'argent de poche
1 Qu'est-ce que vous faites généralement le soir?
2 Vous recevez combien d'argent de poche?
3 Qu'est-ce que vous achetez avec votre argent de poche?
4 Que faites-vous pour aider à la maison?
5 À votre avis, est-ce que vous devez faire trop de choses pour aider à la maison?

À l'école
1 Vous allez à quelle sorte d'école?
2 Il y a combien d'élèves?
3 Où se trouve votre école?
4 L'école commence et finit à quelle heure?
5 Que faites-vous normalement pendant la pause-déjeuner?
6 Quelle est votre matière préférée? Pourquoi?
7 En quelle(s) matière(s) êtes-vous fort(e)/faible?

Moi et ma famille

1 Comment vous appelez-vous?
2 Comment ça s'écrit?
3 Qu'est-ce que vous faites pendant un week-end typique?
4 Quelle est la date de votre anniversaire?
5 Où est-ce que vous êtes né(e)?
6 Combien de personnes y a-t-il dans votre famille?
7 Combien de frères et de sœurs avez-vous?
8 Vous êtes de quelle nationalité?

Les sports, les passe-temps

1 Quels sports aimez-vous?
2 Quel est votre sport préféré, et pourquoi?
3 Où et quand est-ce que vous jouez à ce sport?
4 Qu'est-ce qu'il y a dans votre région pour les gens qui aiment le sport?
5 Vous êtes membre d'un club? C'est quelle sorte de club?
6 Qu'est-ce que vous allez faire ce soir après les devoirs?
7 Quels sont vos projets pour le week-end prochain?

Les membres de ma famille

1 Quel âge a votre frère/votre sœur?
2 Avez-vous des animaux domestiques?
3 Faites une description des membres de votre famille.
4 Que pensez-vous de votre frère ou de votre sœur?
5 Est-ce que vous vous entendez bien avec vos parents?
6 Est-ce que vous préféreriez être le/la cadet(te) ou l'aîné(e)? Pourquoi (pas)?
7 Quels sont les avantages ou les inconvénients d'être enfant unique?

La télévision et le cinéma

1 Quelles émissions de télévision aimez-vous?
2 Quelles émissions n'aimez-vous pas?
3 Quels genres de film aimez-vous?
4 Parlez-moi de votre dernière visite au cinéma.
5 Parlez-moi d'un film que vous avez vu récemment.

Ma région

1 Où se trouve votre ville ou votre village?
2 Qu'est-ce qu'il y a pour les jeunes?
3 Qu'est-ce qu'il y a pour les touristes?
4 Quelles sont les industries dans votre région?
5 Habiter en ville ou à la campagne, quels sont les avantages et les inconvénients?

Les transports

1 Comment venez-vous à l'école?
2 Vous et votre famille, vous avez quelle sorte de voiture?
3 Que pensez-vous de votre voiture?
4 Quel est votre moyen de transport préféré? Pourquoi?
5 Quels sont les avantages et les inconvénients des voyages en autocar/en train/en avion...?
6 Faites une description d'un voyage que vous avez fait récemment.
7 Vous voulez prendre des leçons de conduite? Pourquoi ou pourquoi pas?

L'avenir

1 Quelles matières voulez-vous étudier l'année prochaine?
2 Quels examens voulez-vous préparer l'année prochaine?
3 Où voulez-vous continuer vos études?
4 Quel métier avez-vous choisi?

Le travail

1 Avez-vous un job le week-end ou le soir? Qu'est-ce que vous faites?
2 Qu'est-ce que vous avez fait comme stage?
3 Donnez-moi des détails de votre stage.
4 Vos parents, vos frères ou vos sœurs, où travaillent-ils?

Les vacances

1 Où allez-vous passer vos vacances cette année?
2 Pour combien de temps?
3 Avec qui partez-vous en vacances?
4 Quelle sorte de logement préférez-vous?
5 Quelles activités aimez-vous faire en vacances?
6 Est-ce que vous aimez voyager à l'étranger? Quels pays avez-vous visités?

Les célébrités, les médias

1 Quel est votre groupe ou votre chanteur/votre chanteuse préféré(e)? Pourquoi?
2 Décrivez quelqu'un de célèbre que vous admirez.
3 Est-ce qu'on regarde trop de télévision de nos jours?
4 Combien de temps passez-vous à surfer sur Internet?

Higher speaking: conversation

Répondez aux questions.

À la maison

1 Le matin, qu'est-ce que vous faites avant de quitter la maison?
2 Qu'est-ce que vous avez fait ce matin avant de quitter la maison?
3 Qu'est-ce que vous avez fait hier soir à la maison?
4 Qu'est-ce que vous faites pour aider à la maison?
5 Décrivez votre chambre.
6 Décrivez votre maison.
7 Comment serait votre maison idéale et pourquoi?

À l'école 1

1 Décrivez votre routine scolaire.
2 Quelle est votre meilleure journée? Pourquoi?
3 Qu'est-ce que vous avez fait hier à l'école?
4 Qu'est-ce que vous avez fait pendant la pause-déjeuner?
5 Décrivez votre uniforme scolaire.

À l'école 2

1 Que faites-vous par exemple pendant un cours d'anglais, de maths, de chimie...
2 Décrivez les avantages et les inconvénients de votre école.
3 Donnez les détails d'un voyage scolaire que vous avez fait.
4 Demain sera une bonne ou une mauvaise journée pour vous? Pourquoi?

La forme et la santé

1 Être en forme, c'est important pour vous? Pourquoi ou pourquoi pas?
2 Que faites-vous pour être en forme physiquement?
3 Fumer, qu'en pensez-vous?
4 Le végétarisme, qu'en pensez-vous?
5 Est-ce que vous avez jamais eu un accident? Donnez-moi les détails.

La musique, le temps libre

1 Quelle sorte de musique aimez-vous?
2 Est-ce que vous jouez d'un instrument de musique? Depuis quand?
3 Est-ce que vous faites collection de quelque chose?
4 Qu'est-ce que vous faites quand vous allez en ville avec vos copains?
5 Parlez-moi d'une visite à un concert.

En ville, les courses
1 Quels magasins y a-t-il dans votre ville ou votre village?
2 Où allez-vous pour faire les courses?
3 Avez-vous fait des courses récemment? Donnez-moi les détails.
4 Avez-vous envie de travailler dans un magasin? Pourquoi ou pourquoi pas?

Le shopping, les vêtements
1 La mode, elle est importante pour vous? Pourquoi ou pourquoi pas?
2 Qui paie vos vêtements?
3 Quels vêtements aimez-vous acheter? Pourquoi?
4 Où achetez-vous des vêtements?
5 Quel est votre magasin préféré? Pourquoi?
6 Est-ce que vous faites des économies? Pour quelle raison?

Ma région
1 Vous habitez cette région depuis combien de temps?
2 Décrivez la région où vous habitez.
3 Qu'est-ce que vous n'aimez pas dans cette région?
4 Quels sont les problèmes sociaux de votre région?
5 Où voulez-vous habiter plus tard?
6 Comment voudriez-vous changer votre ville ou votre région?
7 Quels sont les avantages et les inconvénients de votre ville ou de votre région?
8 Où préféreriez-vous habiter si vous aviez le choix?

Les transports
1 Qu'est-ce qu'on doit faire pour protéger l'environnement?
2 Quels sont les avantages et les inconvénients des voyages en autocar, en train ou en avion, en ce qui concerne l'environnement?
3 Et vous, que faites-vous personnellement?
4 Comment venez-vous à l'école?

Le travail, l'avenir
1 Qu'est-ce que vous allez faire l'année prochaine?
2 Vous avez l'intention d'aller à l'université plus tard? Donnez-moi des détails.
3 Pourquoi voulez-vous étudier cela?
4 Pourquoi avez-vous choisi cette profession?
5 Quels sont les aspects les plus importants quand on choisit une profession?
6 Aimeriez-vous suivre la même profession qu'un autre membre de votre famille? Pourquoi ou pourquoi pas?
7 Qu'est-ce qu'on doit faire pour aider les jeunes chômeurs?

Les fêtes

1 Comment avez-vous fêté votre dernier anniversaire?
2 Que faites-vous pour fêter Noël ou un autre jour important?
3 Comment est-ce que vous allez fêter la fin de vos examens?
4 Les Français, qu'est-ce qu'ils font le 14 juillet?
5 Faites la comparaison entre une fête au Royaume-Uni et une fête dans un autre pays.

Les vacances

1 Décrivez vos dernières vacances.
2 Quel temps a-t-il fait?
3 Qu'est-ce que vous avez pensé de votre logement?
4 Est-ce que vous voulez y aller une autre fois?
5 Qu'est-ce que vous allez faire cet été? Où irez-vous?
6 Est-ce que vous avez essayé la nourriture française? Qu'en pensez-vous?
7 Quel logement préférez-vous quand vous êtes en vacances? Pourquoi?
8 Comment seraient vos vacances idéales?

Les célébrités, les médias

1 Décrivez quelqu'un de célèbre que vous admirez.
2 Est-ce que vous trouvez important de lire un journal ou de regarder les actualités à la télévision? Pourquoi ou pourquoi pas?
3 Est-ce qu'on regarde trop de télévision de nos jours?
4 Parlez-moi d'un livre que vous avez lu récemment.
5 Combien de temps passez-vous à surfer sur Internet?
6 Qu'est-ce qui vous intéresse le plus sur Internet?

unité 9
On écrit
Foundation writing

WF1   **Vous allez visiter une ville française.**
Qu'est-ce que vous voulez voir?
Faites une liste.

Exemple: château,...

1 _____
2 _____
3 _____
4 _____
5 _____
6 _____
7 _____
8 _____
9 _____
10 _____

WF2   **Inventez un week-end!**
Voici la page d'un journal. Copiez et remplissez la page. Écrivez **huit** activités différentes.

samedi	dimanche
10.00 *Exemple: piscine*	9.00
13.00	12.00
14.30	15.00
18.00	19.30
20.30	

WF3 La visite de votre ami(e)

Un(e) ami(e) français(e) va passer les vacances chez vous. Qu'est-ce qu'il/elle doit apporter?
Faites une liste.

Exemple: pantalon,...

1 _____
2 _____
3 _____
4 _____
5 _____
6 _____
7 _____
8 _____
9 _____
10 _____

WF4 À l'auberge de jeunesse

After a stay in a Swiss youth hostel, some members of your group notice they have lost certain items. Copy the table and make a list of the items lost and say where in the hostel they were lost. Make sure you do not write the same item or the same location more than once.

Exemple:

Objet perdu	Où?
serviette	*salle de bains*
1	
2	
3	
4	

WF5 À manger

• Qu'est-ce que vous aimez manger?
• Qu'est-ce que vous n'aimez pas manger?

Copiez et remplissez la grille.

Exemple:

☺	☹
frites	*chou*
1	
2	
3	
4	
5	

WF6 Je vais en ville.

Lisez les phrases et regardez les images. Remplissez les blancs.

Exemple: **1** marché; bananes

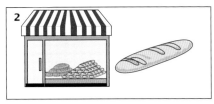

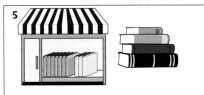
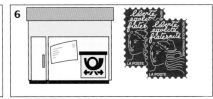

1 Je vais au _____ . Je voudrais des _____ .
2 Je vais à la _____ . Je voudrais du _____ .
3 Je vais à la _____ . Je voudrais _____ .
4 Je vais à l' _____ . Je voudrais _____ .
5 Je vais à la _____ . Je voudrais _____ .
6 Je vais à la _____ . Je voudrais _____ .

WF7 En vacances

Vous êtes en vacances.
Écrivez une carte postale à un(e) ami(e) français(e).
Mentionnez:

- où vous êtes
- avec qui
- le temps
- les activités
- la date de retour.

WF8 Un message de téléphone

While on work experience in France, you have taken a telephone call and need to write down the details for a colleague. Write a note in French saying the following:

- who called
- at what time
- the reason for the call.

Say also that your colleague should ring the person back, and when.

WF9 On sort.

You are arranging an outing with a French friend. Write a note giving advice. Mention the following:

- where you will meet
- at what time
- what you will do together
- what it will cost
- what to bring.

Intermediate writing

WI1 Une réponse à Lucille

Write a message in reply to Lucille. Remember to answer all the questions.
Write about 100 words in French.

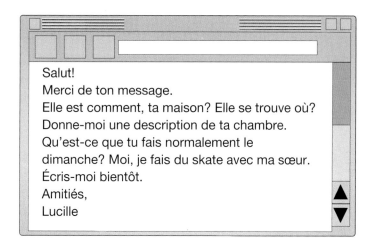

Salut!
Merci de ton message.
Elle est comment, ta maison? Elle se trouve où?
Donne-moi une description de ta chambre.
Qu'est-ce que tu fais normalement le
dimanche? Moi, je fais du skate avec ma sœur.
Écris-moi bientôt.
Amitiés,
Lucille

WI2 Une journée en ville

You have spent the day in town. Write a letter to a French person telling them
where you have been, what you have seen, done, bought, etc.
Write about 100 words in French.

WI3 Une réservation

Write a letter to book accommodation in a French hotel (about 100 words in
French). Mention the following:

- the dates you want to stay
- how many people will be coming
- the kind of room(s) you want.

Say what activity you are interested in and ask what facilities there are for
this in the area. Ask the price.

WI4 Une réponse à Alain

Write a message in reply to Alain. Remember to answer all the questions.
Write about 100 words in French.

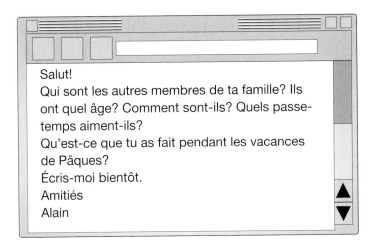

Salut!
Qui sont les autres membres de ta famille? Ils
ont quel âge? Comment sont-ils? Quels passe-
temps aiment-ils?
Qu'est-ce que tu as fait pendant les vacances
de Pâques?
Écris-moi bientôt.
Amitiés
Alain

WI5 Mon école

Écrivez une lettre à un(e) ami(e) français(e) sur votre école. Écrivez environ 100
mots. Mentionnez les choses suivantes:

- la routine scolaire
- votre matière préférée et pourquoi vous l'aimez
- les professeurs
- les sports à l'école
- la profession que vous avez choisie et pourquoi.

WI6 L'invitation

Vous voulez inviter un(e) ami(e) français(e) à passer les vacances chez vous.
Écrivez une lettre à l'ami(e) – environ 100 mots. Mentionnez:

- les dates
- des activités
- votre famille
- le logement (la chambre, la maison)
- votre région – les choses à faire.

Higher writing

WH1 **Après la visite**

After returning home from a stay with a French family, you decide to write them a letter (150 words in French). Mention:

- when you arrived home
- what you felt about your visit
- what you especially enjoyed
- that you left something behind
- what they should do with that item.

WH2 **Si j'étais riche...**

Qu'est-ce que vous voudriez faire si vous gagniez des millions d'euros? Écrivez un reportage pour un journal scolaire français (150 mots). Mentionnez, par exemple:

- ce que vous voudriez acheter
- où vous voudriez habiter
- comment vous aideriez d'autres gens.

WH3 **Ma visite en Suisse**

After returning from a stay in a mountainous area of Switzerland, you decide to write an article (150 words) in French for a local youth magazine in the area.

- Say what you liked and disliked about the area.
- Say how it was similar and/or different from your home area.
- Say whether or not you would like to live there and give your reasons.

WH4 **Un accident**

While on holiday in France you witnessed a road accident in which a small child was hurt. The police have asked you for a report.
Write a report (150 words in French) saying what vehicles were involved, what happened, and who was hurt. Mention any other people who were there.

WH5 **La boum désastreuse**

Écrivez un reportage (150 mots) sur une boum désastreuse.
Mentionnez les choses suivantes:

- les personnes
- la raison pour la boum
- les problèmes
- votre réaction.

Section grammaire

DEFINITIONS

Adjective	A word which gives you information about a noun or pronoun.
Examples	Adjectives tell you something about *Alain/il*: ***Alain** est vraiment **intelligent**; il est **aimable** aussi!* **Alain** is really **intelligent**; **he's nice** too!
Adverb	A word which adds information to a verb.
Example	Verb and adverb: *Céline travaille **rapidement**.* Céline works **quickly**.

Agreement	The form words take because of their relationship to other words:
	  • an adjective has to agree with its noun or pronoun
	  • a verb has to agree with its subject (the person or thing doing the action)

Examples	The noun *chaussettes* is feminine plural, so the adjective ending is *-es*: *des **chaussettes** bleues* The verb changes to go with different subjects – *nous* and *il*: ***Nous** aimons la radio; **il** aime la télévision.* **We like** the radio; **he likes** the TV.
Determiner	A determiner is a word like 'a', 'the', 'this' or 'that', which defines a noun.
Examples	In French, words like **un**, **une**, **le**, **la**, **les**, **ce**, **cette** and **ces** are determiners.
Gender	A category for nouns, i.e. masculine or feminine.
Examples	***un chat*** is masculine, ***une table*** is feminine
Noun	A noun is the name of a person, animal, place, thing or quality.
Examples	Nouns: *un **homme**, **Paul**, un **tigre**, une **maison**, la **ville**, **Paris**, un **CD**, la **beauté***
Plural	A noun or pronoun is plural if it refers to more than one person or thing.
Examples	Plural pronoun *ils* refers to plural noun *mes amis*: ***Mes amis** habitent à Paris. **Ils** aiment la capitale.* **My friends** live in Paris. **They** love the capital.
Preposition	A word defining the position of something.
Examples	Three prepositions: *Futuroscope est **à** Poitiers; regardez, c'est **sur** la carte qui est **au** mur.* Futuroscope is **at/in** Poitiers; look, it's **on** the map that's **on** the wall. (As you can see here, French doesn't always use the preposition you might expect.)
Pronoun	A pronoun is a word which is used in place of a noun.
Examples	Pronouns used instead of repeating *Henri*, *à Henri*: *C'est l'anniversaire d'Henri. **Il** a 15 ans. Je **lui** envoie une carte.* It's *Henri*'s birthday. **He**'s 15. I'm sending **him** a card.
Singular	A noun or pronoun is singular if it refers to only one person or thing.
Examples	Singular pronoun *elle* refers to singular noun *Louise*: ***Louise** adore les ordinateurs et **elle** veut être programmeuse.* **Louise** loves computers and **she** wants to be a programmer.
Verb	A word which describes an action or state.
Examples	Three verbs: *Philippe **est** étudiant. Il **fait** ses devoirs et après, il **sort** avec ses amis.* Philippe **is** a student. He **does** his homework and afterwards he **goes out** with his friends.

Section grammaire

1 NOUNS

1.1 Masculine or feminine

All nouns in French have a gender: either masculine or feminine.

- Most nouns ending in *-e* are feminine (except those ending in *-age* and *-isme*):
  une fille, une chaise
- Most nouns ending in a consonant, or *-i* or *-o*, are masculine:
  un chat, le ski, le zéro

1.2 Singular or plural

- Most nouns add *-s* in the plural. This *-s* is not usually pronounced:
  Singular: *un garçon*   Plural: *des garçons*
  Singular: *le garçon*   Plural: *les garçons*
- Nouns ending in *-s*, *-x* or *-z* do not change:
  Singular: *un fils, un gaz*   Plural: *des fils, des gaz*
- Nouns ending in *-al* change to *-aux*:
  Singular: *un animal, un cheval*
  Plural: *des animaux, des chevaux*
- Nouns ending in *-au* add *-x*:
  Singular: *un gâteau*   Plural: *des gâteaux*

2 DETERMINERS

2.1 'a', 'an'

The word for 'a'/'an' in French is *un* for masculine words and *une* for feminine words:
un animal, **une** voiture

- The plural of *un* and *une* is *des* (some):
  des chaussettes
- Don't use *un* or *une* when defining someone's job:
  mon père **est programmeur**. *J'espère* **devenir journaliste**.

2.2 'the'

The word for 'the' is *le* or *la* in the singular. It shortens to *l'* before a vowel or *h*:
le professeur, **la** femme, **l'**animal, **l'**homme

- The plural form is *les*:
  les professeurs, **les** femmes, **les** animaux, **les** hommes

2.3 'this', 'that', 'these', 'those'

The word for 'this' or 'that' is *ce* (masculine) and *cette* (feminine):
ce livre, **cette** maison

- For masculine words beginning with a vowel or *h*, use *cet*:
  cet animal, **cet** hôpital
- The word for 'these' or 'those' is *ces* for both genders:
  ces disques, **ces** matières

2.4 'some', 'any'

Masculine: *du, de l'*
Je voudrais **du** *pain. Avez-vous* **de l'**argent?
Feminine: *de la, de l'*
Je vais acheter **de la** *limonade. Tu veux* **de l'**eau minérale?

- If you want to say 'not ... any' then *de* is used on its own:
  Je n'ai pas **d'**argent, et je ne veux pas **de** limonade.
  I have**n't** got **any** money, and I do **not** want **any** lemonade.

3 ADJECTIVES

3.1 Agreement

Adjectives agree with nouns and pronouns (masculine/feminine + singular/plural). Endings are added to the basic masculine form:

	Masculine	Feminine
Singular	–	-e
Plural	-s	-es

Example:

	Masculine	Feminine
Singular	*un garçon intelligent*	*une fille intelligent**e***
Plural	*des garçons intelligent**s***	*des filles intelligent**es***

- Adjectives ending in *-e* do not add *-e* in the feminine:
  un pull jaune, une robe jaune
- Adjectives ending *-eur* and *-eux* change to *-euse*:
  *un garçon travaill**eur**, une fille travaill**euse***
  *un musicien affr**eux**, une mission danger**euse***
- Adjectives ending in *-f* change to *-ve*:
  *un garçon sporti**f**, une fille sporti**ve***
  *un véhicule neu**f**, une voiture neu**ve***
- Some adjectives are irregular. Some have a feminine form which adds more than *-e*:

Masculine	Feminine	Meaning
blanc	*blanche*	white
bon	*bonne*	good
gros	*grosse*	large, fat
naturel	*naturelle*	natural
pareil	*pareille*	similar, same

The following have special forms:

Masculine singular	Masculine singular before a vowel or *h*	Feminine singular	Masculine plural	Feminine plural
beau	*bel*	*belle*	*beaux*	*belles*
nouveau	*nouvel*	*nouvelle*	*nouveaux*	*nouvelles*
vieux	*vieil*	*vieille*	*vieux*	*vieilles*

*La **belle** star est arrivée au **nouvel** aéroport dans un **vieil** hélicoptère.*
The **beautiful** star arrived at the **new** airport in an **old** helicopter.

- All adjectives must agree with their noun or pronoun even if they are separated from it:
  Marie est très intelligente et elle est très travailleuse.
  Marie is very intelligent and very hardworking.

3.2 Position of adjectives

Adjectives are normally placed **after** the noun in French:
*une voiture **rouge**, un site **important**, des livres **intéressants***

- The following are usually placed **before** the noun (this list can be learnt as a rhyme):
  mauvais, méchant, vilain, beau
  petit, vieux, haut, joli, gros
  gentil, nouveau, jeune, bon
  grand, meilleur, vaste, long
  *Le **nouveau stade** est situé sur un **vaste champ** près de la **vieille église.***
  The new stadium is sited in a huge field near the old church.
- If you use two adjectives, put them in their usual places:
  *Je vais acheter une **petite** voiture **verte**.*
  I am going to buy a little green car.

3.3 Comparatives and superlatives

- To compare two things use *plus . . . que* (literally, 'more . . . than') and *moins . . . que* (literally, 'less . . . than'):
  *Je pense que le français est **plus** intéressant **que** les maths.*
  I think that French is **more** interesting **than** maths.
  *L'Angleterre est **moins** montagneuse **que** la France.*
  England is **less** mountainous **than** France.

- To say that something is the 'biggest', 'smallest', etc., use *le/la/les + plus/moins*:
  *La **plus haute** montagne d'Europe est le Mont Blanc.*
  The highest mountain in Europe is Mont Blanc.
  *Ce disque est **le moins cher**.*
  This record is **the least expensive**.
- Use *de* not *dans* for 'in':
  *La plus grande fille **de** la classe.*
  The tallest girl in the class.
- To say 'better', 'the best', use *meilleur, le meilleur*:
  Est-ce que Eastenders *est **meilleur que*** Coronation Street*? Non!* Coronation Street *est **le meilleur**.*
  Is *Eastenders* **better than** *Coronation Street*? No! *Coronation Street* is **the best**.

3.4 Possessive adjectives

These adjectives correspond to 'my', 'your', 'his', 'her', 'our' and 'their' in English.

- The gender of the adjective depends on the noun that follows, not on the sex of the owner.

	Masculine singular	Feminine singular	Plural (masculine and feminine)
my	*mon*	*ma*	*mes*
your (for *tu*)	*ton*	*ta*	*tes*
his/her/its	*son*	*sa*	*ses*
our	*notre*	*notre*	*nos*
your (for *vous*)	*votre*	*votre*	*vos*
their	*leur*	*leur*	*leurs*

*Je suis allé à Paris avec **mes** parents. **Mon** frère est arrivé plus tard avec **sa** copine. Par hasard, nous avons rencontré **notre** oncle, **notre** tante et **leurs** enfants – **mes** cousins – à l'Arc de Triomphe.*
I went to Paris with my parents. My brother arrived later with his girlfriend. By chance, we met our uncle, our aunt and their children – my cousins – at the Arc de Triomphe.

- Use *mon, ton* and *son* before a feminine noun starting with a vowel: ***mon amie***

4 PRONOUNS

4.1 Subject pronouns

These are used to indicate the person doing an action. They are:
je, tu, il, elle, on, nous, vous, ils and *elles*.

- The pronoun *on* means 'one', 'you', 'we', 'people' in general:
  *Ici **on** achète **son** billet.*
  You buy **your** ticket here.

Section grammaire

4.2 Direct and indirect object pronouns

Subject pronoun		Direct object pronoun		Indirect object pronoun	
je	I	*me*	me	*me*	to me
tu	you	*te*	you	*te*	to you
il	he, it	*le*	him, it	*lui*	to him, it
elle	she, it	*la*	her, it	*lui*	to her, it
nous	we	*nous*	us	*nous*	to us
vous	you	*vous*	you	*vous*	to you
ils/elles	they	*les*	them	*leur*	to them

The direct and indirect object pronouns are placed immediately before the verb:
– *Tu connais **M. Lefèvre**? – Oui, je **le** connais.*
– Do you know **M. Lefèvre**? – Yes, I know **him**.
– *Qu'est-ce que tu as offert **à Lianne**? – Je **lui** ai offert un CD.*
– What did you give **(to) Lianne**? – I gave a CD **to her**./I gave **her** a CD.

- In the perfect tense, the pronoun is placed **before** the **auxiliary** (*avoir/être*):
  – *Tu as vu **Simon**? – Oui, je **l'ai** vu, et je **lui ai** donné son livre.*
  – Did you see **Simon**? – Yes, I saw **him** and I gave **(to) him** his book.

4.3 Reflexive pronouns

These are used with reflexive verbs (e.g. *s'amuser*).

Subject pronoun		Reflexive pronoun	
je	I	*me*	me
tu	you	*te*	you
il/elle	he, she, it	*se*	him, her, it
nous	we	*nous*	us
vous	you	*vous*	you
ils/elles	they	*se*	them

*Le vendredi je vais au club, on **s'**amuse bien et je **me** couche assez tard.*
On Fridays I go to the club, we have a really good time and I go to bed rather late.

4.4 *y* and *en*

- *y* replaces an expression with *à* or *en*:
  – *Tu es allé en France? – Oui, j'**y** suis allé.*
  – Have you been to France? – Yes, I've been **there**.
- *en* replaces an expression involving *de*:
  – *Vous avez de l'argent? – Oui, j'**en** ai assez.*
  – Have you got some money? – Yes, I've got enough **(of it)**.

4.5 Order of pronouns

If you use more than one pronoun, they occur in the following order:

me				
te	*le*	*lui*		
se	*la*	*leur*	*y*	*en*
nous	*les*			
vous				

– *Tu as donné l'argent à Jo? – Oui, je **le lui** ai donné.*
– Did you give Jo the money? – Yes, I gave **it to her**.

4.6 Strong pronouns

These pronouns can stand on their own, or can appear after words such as *avec* (with), *pour* (for) and *chez* (at the house of):

moi	I, me	*nous*	we, us
toi	you	*vous*	you
lui	he, him	*eux*	they, them
elle	she, her	*elles*	they, them

***Moi**, je suis rentré chez **moi** avec **eux**.*
I came back to **my** place with **them**.

4.7 Possessive pronouns

These mean 'mine', 'yours', 'his', 'hers', 'its', 'ours', 'yours' and 'theirs'. The number and gender of the object(s) owned determines the form:

	One masculine object	Several masculine objects	One feminine object	Several feminine objects
mine	*le mien*	*les miens*	*la mienne*	*les miennes*
yours	*le tien*	*les tiens*	*la tienne*	*les tiennes*
his, hers	*le sien*	*les siens*	*la sienne*	*les siennes*
ours	*le nôtre*	*les nôtres*	*la nôtre*	*les nôtres*
yours	*le vôtre*	*les vôtres*	*la vôtre*	*les vôtres*
theirs	*le leur*	*les leurs*	*la leur*	*les leurs*

***Mes parents** sont stricts. **Les tiens** sont cool.*
My parents are strict. **Yours** are great.

4.8 *qui*, *que* and *dont* (relative pronouns)

- *qui* is used to mean 'who' or 'which' or 'that' when it is the **subject** of its clause:
  *C'est M. Lefèvre **qui** enseigne l'histoire.*
  It's M. Lefèvre **who** teaches history.
- *que* is used to mean 'who' or 'which' or 'that' when it is the **object** of its clause:
  *Voici le magazine **que** j'ai acheté.*
  Here's the magazine **(that)** I bought.
- *dont* replaces an expression using *de*:
  *Voici la carte **dont** vous avez besoin.*
  Here's the map **(that)** you need.

5 VERBS

There are four main groups of regular verbs.

5.1 The present tense
Take off -er, -ir or -re from the infinitive. Add endings as follows:

-er	-ir (1)	-ir (2)	-re
Example: **regarder**	Example: **finir**	Example: **sortir**	Example: **attendre**
je regard**e**	je fin**is**	je sor**s**	j'attend**s**
tu regard**es**	tu fin**is**	tu sor**s**	tu attend**s**
il/elle/on regard**e**	il/elle/on fin**it**	il/elle/on sor**t**	il/elle/on attend
nous regard**ons**	nous fin**issons**	nous sor**tons**	nous attend**ons**
vous regard**ez**	vous fin**issez**	vous sor**tez**	vous attend**ez**
ils/elles regard**ent**	ils fin**issent**	ils/elles sor**tent**	ils/elles attend**ent**

Use the present tense:
- to say what is happening now:
  *Philippe **joue** au billard en ce moment.*
  Philip's playing snooker just now.
- to say what usually happens:
  *Je **sors** toujours le samedi soir.*
  I always go out on Saturday evening.

The present tense of irregular verbs is given in the table of irregular verbs on pages 154–5.

5.2 Imperatives: instructions and suggestions
This is the form of the verb used to give instructions, make invitations or give advice.
- For the *tu* form, drop *tu*, and (with -er verbs) drop the -s:
  *Tu regardes cette image → Regard**e** cette image!* Look at this picture!
- For the *vous* form, just drop the *vous*:
  Vous regardez ces gâteaux → Regardez ces gâteaux! Look at those cakes!
- For the suggestion 'Let's do something', use the *nous* form, dropping *nous*:
- *Nous allons au cinéma → Allons au cinéma!* Let's go to the cinema!

5.3 The present participle
This corresponds to words like 'coming' and 'going', 'watching' and 'listening'.
Take the *nous* form of the present, drop -ons and add -ant:
nous allons → allons → allant   going

En + present participle means 'by doing' or 'while doing' something:
***En travaillant** dur, j'espère gagner beaucoup d'argent.*
By working hard, I hope to earn lots of money.

5.4 The future tense
Take the infinitive of the verb (drop the -e of -re verbs). Add the following endings:

je	**-ai**	nous	**-ons**
tu	**-as**	vous	**-ez**
il/elle/on	**-a**	ils/elles	**-ont**

*L'année prochaine, je visiter**ai** le Japon et j'y passer**ai** un mois.*
Next year, I shall visit Japan and I'll spend a month there.
*Mon frère sortir**a** avec sa copine ce week-end.*
My brother will go out with his girlfriend this weekend.
- Many irregular verbs have an irregular future tense (see the table of irregular verbs, pages 154–5) but once you have learnt the *je* form, the rest follows, e.g. **aller**: *j'irai, tu iras*, etc.
- To express the future, you can use *aller* + infinitive: *Je **vais regarder** la télé.*
- When a sentence starts with *si* + present tense, you need to use the future tense for the next verb(s):
  ***Si nous gagnons** la loterie, **nous serons** riches et moi, **je ferai** le tour du monde!*
  If we win the lottery, we'll be rich and I'll go round the world!

5.5 The imperfect tense
This tense tells us:
- what **used to happen**
- what **was happening** at a certain time.
Take the *nous* form of the present tense and drop the -ons. Replace -ons with the following endings:

je	**-ais**	nous	**-ions**
tu	**-ais**	vous	**-iez**
il/elle/on	**-ait**	ils/elles	**-aient**

*Mon père m'**attendait** à la gare.*
My father **was waiting** for me at the station.
- The only exception to the rule is *être*: *j'étais, tu étais, il était*, etc.
  *Quand j'**étais** petit, j'**allais** souvent chez ma grand-mère qui **habitait** en ville.*
  When I **was** little, I often **used to go** to see my granny who **lived** in town.

Section grammaire

5.6 The conditional tense
This tense tells you what 'would' happen. Form it as for the future, but using the same endings as for the imperfect:

*Si on allait à Paris, on **verrait** la Tour Eiffel, on **mangerait** dans un bon restaurant et on **s'amuserait** bien. Ce **serait** fantastique!*

If we went to Paris we **would see** the Eiffel Tower, **we'd eat** in a good restaurant and **we'd enjoy ourselves**. It **would be** great!

*Je **préférerais** aller à Cardiff. Ce **serait** moins cher.*

I**'d prefer** to go to Cardiff. It **would be** cheaper.

5.7 The past historic tense
This tense is used only in the written language. Third-person forms (*il, ils*) are the most common, e.g. *il arriva* = he arrived; *ils arrivèrent* = they arrived.

5.8 The perfect tense
This tense tells you what happened at a certain moment. It is formed with the present tense of either *avoir* or *être*, plus the **past participle** of the verb. The past participle is formed as follows:

-*er* verbs → -*é* (*regardé*)
-*ir* verbs → -*i* (*fini, sorti*)
-*re* verbs → -*u* (*attendu*)

- Irregular verbs usually have irregular past participles. See the table of irregular verbs (pages 154–5).
- Most verbs take *avoir*, e.g. *regarder*:

*j'**ai** regardé*	I watched
*tu **as** regardé*	you watched
*il/elle **a** regardé*	he/she watched
*nous **avons** regardé*	we watched
*vous **avez** regardé*	you watched
*ils/elles **ont** regardé*	they watched

- Some verbs take *être*. These are usually verbs describing movement: *descendre, rester, aller, partir, entrer, rentrer, retourner, sortir, venir (venu), arriver, naître (né), monter, mourir (mort), tomber*. With these verbs the past participle must agree with the subject:
  *Anne est arrivé**e** à deux heures et elle est monté**e** dans sa chambre.*
  Anne arrived at 2 o'clock and she went up to her room.
  *Mes amis sont sorti**s**. Ils sont parti**s** pour la gare.*
  My friends have gone out. They've left for the station.

- All **reflexive** verbs take *être* in the perfect tense. The past participle must agree:
  *Céline s'est couché**e** tard et elle s'est levé**e** à onze heures.*
  Céline went to bed late and she got up at 11 o'clock.
  *Les filles se sont bien amusé**es** à Londres.*
  The girls really enjoyed themselves in London.

5.9 The pluperfect tense
This tense tells you what **had** happened before another event took place. It consists of the imperfect of either *avoir* or *être*, plus the past participle:

*Quand je suis arrivée chez moi, je n'ai pas pu entrer. **J'avais oublié** mes clefs! **J'étais sortie** sans mon sac!*

When I got home, I couldn't get in. **I had forgotten** my keys! **I'd gone out** without my bag!

5.10 The subjunctive
This is a special form of the verb which you may come across, after expressions of possibility, impossibility and necessity, among others. The subjunctive usually looks like the present tense of -*er* verbs, except that the *nous* and *vous* forms have the endings -*ions* and -*iez*.

*Il faut que nous **partions** immédiatement.*

It's necessary that we **should leave** immediately./ We must leave immediately.

5.11 Verb + infinitive
- The following verbs may be followed by a straight infinitive: *aimer, aller, compter, devoir, espérer, pouvoir, préférer, savoir, vouloir.*
  *Mon frère **aime écouter** de la musique, mais il **préfère jouer** de sa guitare.*
  My brother likes listening to music but he prefers playing his guitar.
- Some verbs need *à* before an infinitive. The most useful ones are: *apprendre, commencer, hésiter, passer du temps, réussir.*
  *J'ai **hésité à apprendre à** jouer de la guitare, mais finalement j'ai **réussi à** le faire.*
  I hesitated about learning to play the guitar, but finally I managed to do it.
- Some verbs need *de* before an infinitive. The most useful ones are: *choisir, essayer, finir, offrir, oublier, refuser, regretter.*
  *Je **regrette de** devoir vous le dire, mais nous avons **fini d'**offrir ce prix.*
  I'm sorry to have to tell you, but we've stopped offering this prize.

5.12 The passive

When the subject of a sentence is on the receiving end of an action, the passive is used. This consists of *être* + past participle:
*Les champs **ont été inondés**. Les habitants des maisons **seront obligés** de partir.*
The fields have been flooded. The occupants of the houses will be obliged to leave.

5.13 One word or two?

Many verbs in English need a preposition in order to have their full meaning, e.g. 'to go **out**', 'to go **up**', 'to put **on**', 'to look **at**'. The French equivalents are usually **one** word, so don't try to add a preposition. Here are some very common ones:

go **out**	*sortir*
go **up**	*monter*
put **on**	*mettre*
look **at**	*regarder*
look **for**	*chercher*
listen **to**	*écouter*
wait **for**	*attendre*
ask **for**	*demander*

6 ADVERBS

6.1 Adverbs describing how

These tell us 'how' something was done. Take the feminine form of the adjective and add *-ment*:
*lent → lente → **lentement*** slowly
*soigneux → soigneuse → **soigneusement*** carefully
*rapide → rapide → **rapidement*** quickly
- *vite* is another adverb which means 'quickly'
- the adverb for 'better' is *mieux*, e.g. *Elle joue **mieux que** moi.* She plays better than me.

6.2 Negatives

These are *ne . . . pas* (not), *ne . . . jamais* (never), *ne . . . plus* (no longer), *ne . . . rien* (nothing) and *ne . . . personne* (nobody).
- In simple tenses, where the verb is a single word, the negatives fit round the verb like brackets:
*Je **ne** vais **plus** au cinéma, parce que je **n'**aime pas les films modernes. Je **ne** regarde **jamais** les films violents.*
I **don't go** to the cinema **any more**, because I **don't like** modern films. I **never watch** violent films.
- In compound tenses, like the perfect and pluperfect, all except *ne . . . personne* go round the relevant part of *avoir* or *être*:
*Je **ne** suis **jamais** allé en France. Je **n'ai pas** renouvelé mon passeport.*
I've never been to France. I haven't renewed my passport.
BUT *Ma sœur **n'a parlé** à **personne** à la boum.*
My sister didn't talk to anyone at the party.

- Negatives will also go around any pronouns attached to the verb:
*– Tu as prêté de l'argent à Sylvie? – Non, je **ne lui en ai pas** prêté.*
– Did you lend some money to Sophie? – No, I **didn't** lend her **any**.

6.3 ne . . . que

This means 'only'. It **always** goes round the verb.
*Ma petite sœur **ne mange que** des pizzas.*
My little sister **doesn't eat anything except/only eats** pizzas.

7 PREPOSITIONS

These words describe the position of one thing in relation to another.
The most common are: *à, à côté de, avec, chez, dans, de, devant, derrière, en, entre, par, pendant, pour, sans, sous, sur.*
Note: *à + le → au: Nous allons au café.*
à + les → aux: Mon père est aux États-Unis.
Note also: *de + le → du: Mes copains sont revenus du Japon.*
de + les → des: Je viens de revenir des Pays-Bas.

8 QUESTIONS AND ANSWERS

8.1 Yes/no questions

These are asked by raising the tone at the end of the sentence, and/or by adding *Est-ce que* to the beginning:
(Est-ce que) tu vas au collège aujourd'hui?
Are you going to school today?

8.2 Question words

Questions which require specific information in the answers are introduced by the following expressions:

Qu'est-ce que . . . ?	What . . . ?
Qui . . . ?	Who . . . ?
Où (est-ce que) . . . ?	Where . . . ?
Quand (est-ce que) . . . ?	When . . . ?
Comment (est-ce que) . . . ?	How . . . ?
Pourquoi (est-ce que) . . . ?	Why . . . ?
Combien (de) . . . ?	How much/ How many . . . ?

- Questions beginning with *quel, quelle, quels, quelles* (which) may be answered with *ce, cette, cet, ces* (this, these/those) + noun, e.g. *– **Quel** disque? – **Ce** disque-ci.*
- Questions beginning with *lequel, laquelle, lesquels* or *lesquelles* (which one[s]) may be answered with *celui, celle, ceux* or *celles* (this one, these ones).
- The endings *-ci* or *-là* may be added to distinguish 'these' from 'those': *cette maison-**ci**.*

Irregular verb table

Infinitive	Simple tenses			Compound tenses	
	Present	**Future/ Conditional**	**Imperfect**	**Perfect**	**Pluperfect**
aller *to go*	je vais, tu vas, il va, nous allons, vous allez, ils vont	j'irai/ j'irais	j'allais	je suis allé(e)	j'étais allé(e)
avoir *to have*	j'ai, tu as, il a, nous avons, vous avez, ils ont	j'aurai/ j'aurais	j'avais	j'ai eu	j'avais eu
boire *to drink*	je bois, tu bois, il boit, nous buvons, vous buvez, ils boivent	je boirai/ je boirais	je buvais	j'ai bu	j'avais bu
conduire *to drive*	je conduis, tu conduis, il conduit, nous conduisons, vous conduisez, ils conduisent	je conduirai/ je conduirais	je conduisais	j'ai conduit	j'avais conduit
connaître *to know (a person/place/ subject)*	je connais, tu connais, il connaît, nous connaissons, vous connaissez, ils connaissent	je connaîtrai/ je connaîtrais	je connaissais	j'ai connu	j'avais connu
croire *to believe*	je crois, tu crois, il croit, nous croyons, vous croyez, ils croient	je croirai/ je croirais	je croyais	j'ai cru	j'avais cru
devoir *to have to*	je dois, tu dois, il doit, nous devons, vous devez, ils doivent	je devrai/ je devrais	je devais	j'ai dû	j'avais dû
dire *to say, to tell*	je dis, tu dis, il dit, nous disons, vous dites, ils disent	je dirai/ je dirais	je disais	j'ai dit	j'avais dit
écrire *to write*	j'écris, tu écris, il écrit, nous écrivons, vous écrivez, ils écrivent	j'écrirai/ j'écrirais	j'écrivais	j'ai écrit	j'avais écrit
envoyer *to send*	j'envoie, tu envoies, il envoie, nous envoyons, vous envoyez, ils envoient	j'enverrai/ j'enverrais	j'envoyais	j'ai envoyé	j'avais envoyé
être *to be*	je suis, tu es, il est, nous sommes, vous êtes, ils sont	je serai/ je serais	j'étais	j'ai été	j'avais été
faire *to do, to make*	je fais, tu fais, il fait, nous faisons, vous faites, ils font	je ferai/ je ferais	je faisais	j'ai fait	j'avais fait

Infinitive	Simple tenses			Compound tenses	
	Present	**Future/ Conditional**	**Imperfect**	**Perfect**	**Pluperfect**
falloir *to be necessary*	il faut	il faudra/ il faudrait	il fallait	il a fallu	il avait fallu
lire *to read*	je lis, tu lis, il lit, nous lisons, vous lisez, ils lisent	je lirai/ je lirais	je lisais	j'ai lu	j'avais lu
mettre *to put*	je mets, tu mets, il met, nous mettons, vous mettez, ils mettent	je mettrai/ je mettrais	je mettais	j'ai mis	j'avais mis
mourir *to die*	je meurs, tu meurs, il meurt, nous mourons, vous mourez, ils meurent	je mourrai/ je mourrais	je mourais	je suis mort(e)	j'étais mort(e)
pleuvoir *to rain*	il pleut	il pleuvra/ il pleuvrait	il pleuvait	il a plu	il avait plu
pouvoir *to be able to*	je peux, tu peux, il peut, nous pouvons, vous pouvez, ils peuvent	je pourrai/ je pourrais	je pouvais	j'ai pu	j'avais pu
prendre *to take*	je prends, tu prends, il prend, nous prenons, vous prenez, ils prennent	je prendrai/ je prendrais	je prenais	j'ai pris	j'avais pris
recevoir *to receive*	je reçois, tu reçois, il reçoit, nous recevons, vous recevez, ils reçoivent	je recevrai/ je recevrais	je recevais	j'ai reçu	j'avais reçu
savoir *to know (a fact, how to do something)*	je sais, tu sais, il sait, nous savons, vous savez, ils savent	je saurai/ je saurais	je savais	j'ai su	j'avais su
suivre *to follow*	je suis, tu suis, il suit, nous suivons, vous suivez, ils suivent	je suivrai/ je suivrais	je suivais	j'ai suivi	j'avais suivi
venir *to come*	je viens, tu viens, il vient, nous venons, vous venez, ils viennent	je viendrai/ je viendrais	je venais	je suis venu(e)	j'étais venu(e)
vivre *to live*	je vis, tu vis, il vit, nous vivons, vous vivez, ils vivent	je vivrai/ je vivrais	je vivais	j'ai vécu	j'avais vécu
voir *to see*	je vois, tu vois, il voit, nous voyons vous voyez, ils voient	je verrai/ je verrais	je voyais	j'ai vu	j'avais vu
vouloir *to want*	je veux, tu veux, il veut, nous voulons, vous voulez, ils veulent	je voudrai/ je voudrais	je voulais	j'ai voulu	j'avais voulu

List of French instructions

Cherchez... *Look for...*
...l'intrus *...the odd one out*
Choisissez... *Choose...*
...les bons mots *...the right words*
...parmi les mots dans la case *...from the words in the box*
...la bonne réponse *...the right answer*
...dans la liste *...from the list*
Comment dit-on (en français)...? *How do you say (in French)...?*
Complétez... *Complete...*
...la grille *...the grid*
...le formulaire/la fiche/le questionnaire *...the form/the questionnaire*
Composez des phrases avec... *Put together/create some sentences with...*
Copiez... *Copy...*
Corrigez... *Correct...*
...les erreurs/les fautes *...the errors*

Débrouillez les phrases *Sort out the sentences (put the words in the correct order)*
Décrivez (ce que)... *Describe (what)...*
Demandez (ce que)... *Ask for/Ask (what)...*
Dites... *Say...*
Dites-lui (ce que)... *Tell him/her (what)...*
Donnez... *Give...*
...les renseignements *...the information*
...les détails *...the details*
...vos impressions *...your impressions*
...votre opinion/avis (et dites pourquoi) *...your opinion (and say why)*

Écoutez... *Listen to...*
...les annonces *...the announcements*
...les publicités *...the adverts*
...l'émission *...the programme*
Écrivez... *Write...*
...la lettre qui correspond à *...the letter that goes with*
...une phrase *...a sentence*
...les détails *...the details*
...environ 50 mots *...about 50 words*
...une lettre/une carte postale *...a letter/a postcard*
Enregistrez une cassette/un dialogue *Record a cassette/a dialogue*
Expliquez (ce que)... *Explain (what)...*

Faites correspondre... *Match up/Pair up... (e.g. numbers to pictures)*
Faites une liste/un résumé *Make a list/Write a summary*

Identifiez... *Identify...*
...les détails demandés *...the details requested*
Imaginez que... *Imagine that...*

Liez... *Match up, join up...*
Lisez... *Read...*
...les phrases suivantes *...the following sentences*

Mariez... *Pair up...*
Mettez les mots/les images... *Put the words/pictures...*
...dans le bon ordre *...in the right order*
...dans l'ordre du texte *...in the same order as they appear in the text*

Notez... *Note down...*
...les raisons pour *...the reasons for*
...les bons points, les avantages *...the good points, the advantages*

Posez une question... *Ask a question...*
Pour chaque personne/phrase... *For each person/sentence...*
Préparez un poster/un dépliant *Put together a poster/a leaflet*
Préparez un dialogue *Make up a conversation*

Qu'est-ce que cela (ça) veut dire? *What does it mean?*
Qui dit quoi? *Who says what?*

Racontez... *Describe...*
...ce que vous avez fait *...what you did*
Regardez... *Look at...*
...la carte *...the map*
...cette publicité *...this advert*
Remplissez... *Fill in...*
...les blancs *...the gaps*
...la grille (en français) *...the table (in French)*
Répondez... *Reply...*
...aux questions *...to the questions*
...à ce questionnaire *...to this questionnaire*

Soulignez... *Underline...*

Travaillez avec un(e) partenaire *Work with a partner*
Trouvez... *Find...*
...l'erreur/les erreurs *...the mistake(s)/error(s)*
...le texte qui correspond à chaque image/dessin/titre *...the text that goes with each picture/drawing/heading*

Utilisez... *Use...*

Vous allez entendre/Vous entendrez... *You are going to hear...*
...X qui parle(nt) de *...X talking about...*
Vous envoyez... *You are sending...*
Vous n'aurez pas besoin de tou(te)s les lettres/les mots/les réponses *You won't need all the letters/words/answers*